养老服务理论与实务丛书

主　编　张　瑾　冯建光

副主编　徐宏卓

养老机构老人入住流程

张雨佳　编著

華東理工大學出版社
EAST CHINA UNIVERSITY OF SCIENCE AND TECHNOLOGY PRESS
·上海·

图书在版编目(CIP)数据

养老机构老人入住流程 / 张雨佳编著. —上海：华东理工大学出版社，2023.7

(养老服务理论与实务丛书 / 张瑾，冯建光主编)

ISBN 978-7-5628-6803-3

Ⅰ.①养… Ⅱ.①张… Ⅲ.①养老院—运营管理—研究—中国 Ⅳ.①D669.6

中国国家版本馆CIP数据核字(2023)第127572号

内容提要

本书以介绍如何安排老人安全有序地入住一家养老机构为内容，包括常见的各类表单和服务流程，旨在帮助新的机构在创立之初，快速实现员工应对安置老人，建立有序流程和管理体系。同时，新员工也可以根据入住流程的指引，完成日常工作。本手册是一本建立在理论和实务模式基础上，从岗位到人员，以机构服务的视角，设计实用的流程指引。新的机构运营者，可以通过本手册来学习和设计更符合本机构的运营模式。本手册适合初入养老机构的新员工、新加入养老行业的运营方、老年社会工作者及对相关领域感兴趣的读者参考与学习。

策划编辑 / 刘　军
责任编辑 / 藕　园
责任校对 / 孟媛利
装帧设计 / 徐　蓉
出版发行 / 华东理工大学出版社有限公司
地址：上海市梅陇路130号，200237
电话：021-64250306
网址：www.ecustpress.cn
邮箱：zongbianban@ecustpress.cn
印　　刷 / 上海新华印刷有限公司
开　　本 / 710 mm×1000 mm　1/16
印　　张 / 7.5
字　　数 / 108千字
版　　次 / 2023年7月第1版
印　　次 / 2023年7月第1次
定　　价 / 48.00元

丛书总序

深度老龄化是当前上海城市发展面临的紧迫性社会问题。上海市委和市政府对此高度重视，出台了一系列政策，推动养老服务业提质增效、快速发展。教育领域也积极行动，通过加强专业化的养老服务人才培养，为上海养老服务事业提供强有力的人才保障。在《国务院办公厅关于推进养老服务发展的意见》(国办发〔2019〕5号)、《上海市深化养老服务实施方案(2019—2022年)》(沪府规〔2019〕26号)出台的背景下，上海市教委随即制定了《上海高校养老服务类专业建设三年行动计划》(沪教委高〔2019〕5号)，明确以人才培养为根本，以提高质量为核心，支持相关高校建设一批养老服务类专业，通过打造课程、培养师资，切实推动养老服务人才培养。

上海开放大学主动适应区域经济社会发展需要，2018年在上海市民政局的支持下，开设了老年服务与管理专业。通过探索政校合作、立足行业需求、创新培养模式，初步实现了留住行业从业主力的培养效果。2020年1月，上海开放大学首届老年服务与管理专业学生毕业，共有269名学生获得了专科学历，60%以上的学生是一线护理员，他们在提升学历后重新返回养老服务岗位。他们中的很多人成了养老机构的中坚力量，为长三角区域增添了养老、助老的生机与活力。

在人才培养的同时，我们也深感教材的匮乏。老年服务与管理专业对于高等教育而言是一个新兴的专业，是融护理学、医学、营养学、社会学、管理学等学科为一体的应用型专业。过去，高校对于老年服务与管理专业的研究是不够的，教材的编写也主要脱胎于相近专业和学科，较难满足养老服务人员对真实工作场景所需知识、能力的学习要求。因此，我们希望能够开发出与工作岗位联系密切的教材，真正做到“所学即所用”，使学校课堂和工作岗位无缝衔接。基于上述初衷，上海开放大学在上海养老智库的支持下，组织编写“养老服务理论与实务丛书”。本丛书一套八本，包括养老机构员工能力方面三本，即《养老机构员工手册》《养老机构社会工作服务手册》《养老机构实用菜谱》，养老服务机构服务过程方面五本，即《养老机构老人入住流程》《养老机构失智症老人日常照护》《养老机构应急处理流程手册》《养老机构护理服务实用手册》《养老机构老年人个案照护计划指导手册》。

“养老服务理论与实务丛书”能够发挥什么作用呢？也就是丛书的定位是什么呢？我们认为主要有三个方面：第一是学历教育的参考用书。上海开放大学是上海较早开办养老服务学历教育的高校，目前也正在成体系建设养老学历教育的教材，但学历教育仅有教材是不够的，应该配套建设一些教学参考书，拓宽学生的视野和知识面，本丛书就能很好地发挥这样的作用。第二是养老机构的管理指导用书。养老机构的具体业务应该如何开展，如何个性化服务老年人，如何提高养老机构的规范化、专业化水平，这套书对以上这些问题做了比较实用和详尽的阐述。同时，这套书的编写过程凝聚了大量养老服务优秀管理者的实务经验，以及养老机构长期以来的工作总结提炼，这些内容将能够为养老机构管理人员提供比较好的指导。第三是养老职业培训机构的教材。丛书中的任何一本书都集聚了养老行业相关领域专业、实用的知识和技能，可以提高培训机构的培训质量。尤其是对那些刚刚进入养老行业的从业者来说，一开始就使用权威、正规的培训教材，对于其专业认知的提高和职业能力的提升是非常有帮助的。

当然，从时代发展的角度来看，这套丛书还有很多不完善的地方，我们并不认为这八本书就已经涵盖了养老机构服务与管理的方方面面，甚至可以说只是养老机构服务众多领域中的一部分。这些领域的选择一定程度上还受到作者专业的限制，在完整性上可能还存在一定瑕疵。但这些都不重要，关键在于“做”。面对日益老龄化的社会、日益增长的需求、不断提高的服务品质要求，目前无论是养老学历教育还是非学历培训，专业的学习资源都是非常欠缺的。在这样的背景下，我们勇敢地迈出第一步，努力地为这个行业创造一些价值、积累一些成果，也是对这个行业的推动和贡献。尽管还存在一些不完善，但这种“不完善”依然是充满魅力的。我们希望本丛书能为我国养老行业、养老专业的发展尽一点绵薄之力。

最后，在此丛书付印出版之际，我们作为编者依然会感到内心惶恐。相对于其他成熟学科而言，养老服务与管理专业依然属于一个新兴专业。研究人员少，研究成果缺，但与之对应的却是不断提高的老龄化水平和人民对于高质量养老服务的期待。希望广大读者能够不吝赐教，提出宝贵的意见和建议，希冀未来再版时一并修正。

丛书主编、上海开放大学副校长　张　瑾

前　言

为了让老人在养老机构中安享晚年生活，国家和各地政府部门纷纷出台有关政策以加快养老机构服务标准的建设，从而规范和完善养老机构的服务质量，保障老人和养老机构的合法权益。

老人和他们的家属，首先要明确入住机构后的权利和义务，以及相关的入住准备和手续；其次老人和家属也需要知晓机构无法承接老人续住的一些特殊情况，完成退住机构的流程和步骤，包括押金、护理费用等的结算方式。

养老机构需要了解和掌握“客户画像”。如老人是否符合入住的条件，老人的生活能力和健康情况如何等后，明确告知老人和家属养老机构的入住条件和具体流程，以帮助老人顺利入住。除此之外，机构还需要设置合理便捷的退住流程，应对各种原因下老人不再续住的情况，以保障机构和老人双方的权益。

《养老机构老人入住流程》从属于“实用养老机构管理应知应会系列”，在参考最新出台的养老服务行业政策法规的基础上，本书从入住流程图出发，围绕老人入住养老机构过程的始末，从养老机构管理的视角展现老人入住养老机构的流程，描述养老机构在老人入住过程中应该进行的申请、受理、评估、告知、复核、入住通知、签订入住协议、办理入住手续、入住适应、服务需求评估、期末评估、出院等一系列的管理工作。

本书主要以图表的形式呈现，并配之以说明性语言，将养老机构的实际运营管理操作过程和办法进行了梳理和整合，具有很强的实用性。

本书由智库养老研究院和上海开放大学共同编制，长三角养老行业人才培养一体化发展实践研究——基于长三角养老行业人才培养共享平台（课题编号：XK2001）课题研究成果支持。希望我们的工作能够为您带来帮助。由于人力和时间有限，本书在行文中难免有不尽如人意之处，敬请谅解并提出宝贵意见！

目　录

第一章　养老机构老人入住流程

随着人口老龄化程度的加深，养老机构的数量也呈急速增长的态势。为了进一步规范养老机构的入住流程，保障老人和养老机构的合法权益，减少养老机构与入住老人之间的矛盾纠纷，我国政府部门出台了多项政策来推动养老机构的标准化建设。

养老机构有一个自成体系的管理系统，无论是公办机构还是民办机构，都有其内在的管理办法和管理流程。老人从申请入住养老机构起，就进入了养老机构的管理系统当中。在养老机构的运营过程中，要让其中的工作人员、老人及家属明确地了解从入住到离开养老机构的完整流程。这有助于提高养老机构的工作效率，实现科学化管理。同时，也能为入住或退住养老机构的老人及其家属提供需求指引，帮助他们知晓需要注意的事项、书面或身份材料等。本书以现有的养老机构政策、规范为导向，对养老机构入住和退住流程进行梳理，绘制养老机构入住及退住流程图（如图 1.1 所示）。

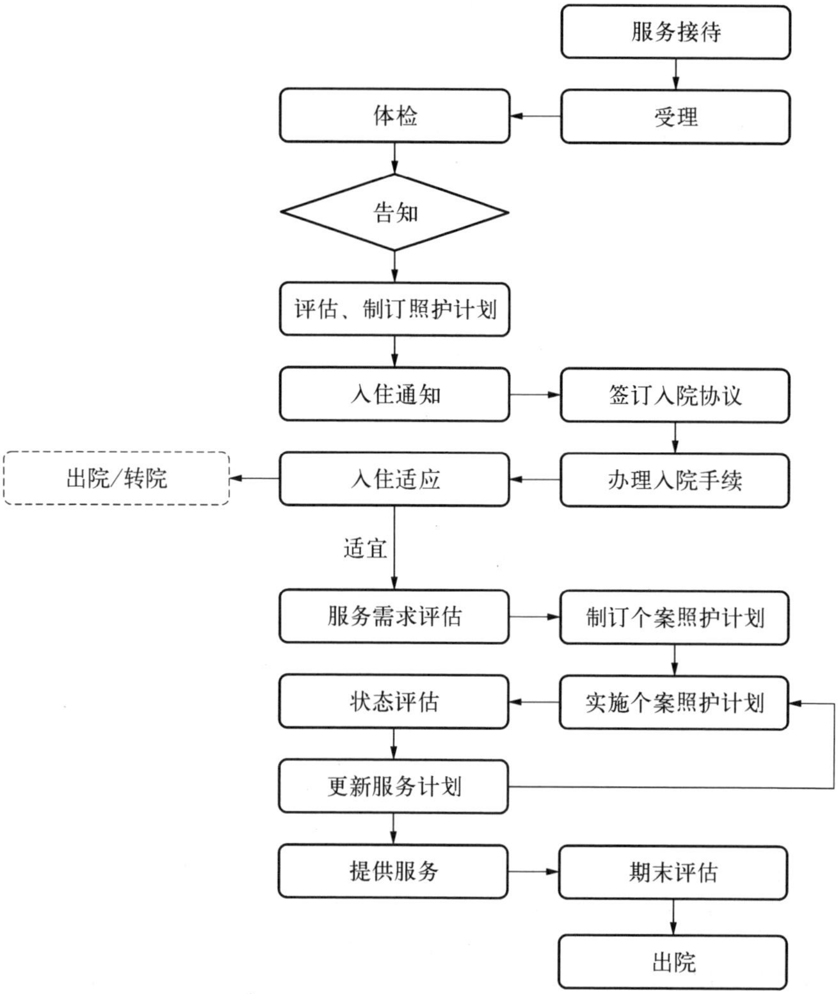

图 1.1　养老机构入住流程图

第二章　养老机构的服务接待

一、沟通与礼仪

从服务接待起，养老机构的工作人员要给目标客户传达养老机构的服务风格，展示养老机构的入住品质。

因而，接待岗位员工的沟通礼仪格外重要，他们要面向老人和家属，准确地把信息传达出去。

（一）沟通的完整性

养老机构要对员工进行规范化接待流程的训练，让员工掌握完整的沟通逻辑和内容；要让来访的老人和家属明确知晓入住养老机构的要求、服务内容、申请入住流程、退住流程及相关费用。

养老机构的员工在接待来访者时，要注意来访的老人或家属是否有听觉和视觉上的缺陷，是否存在认知能力上的不足或者语言理解上的差异度等。必要时，员工需要通过文字材料、肢体语言、实地参观、个性化语言表达（方言或改变语音语调等）的方式来传递完整信息。

（二）同理心的表达

养老机构员工在接待来访的老人和家属、安排入住或退住等服务的过程中，要有体现有同理心的沟通。老人入住养老机构的想法各有不同，工作人员在沟通交流时，要注意不能因为老人的身体、家庭经济不佳等原因而采取消极对待的方式。

在充分尊重老人的个体信仰、想法和意愿的情况下，为老人提供适合的养老服务。

二、咨询接待

在申请入住的申请人（老人）正式递交申请表之前，养老机构负责接待的工作人员需要把收费标准、环境、设施设备、服务等内容，明确地告知申请人并记录下申请人的需求，根据申请人的基本情况初步判断该老人是否适合入住养老机构，并且介绍拟为其提供服务的匹配工作人员。

（一）服务内容

依据《养老机构管理办法》，养老机构应为老人提供以下几个方面的服务：生活类照护、医疗类护理、精神类陪伴及文化娱乐生活等。不同养老机构提供的服务内容有一定的区别，通常包括养老机构所提供的基本养老服务，以及因老人身体原因而提供的特需服务。

（二）收费与定价

养老机构的收费项目一般分为：床位费、伙食费、护理费、医疗费、暖气空调费等，不同地区养老机构的收费标准存在一定的差异；同一地区养老机构的类别不同也会使得收费标准有所不同。以上海闵行区某公建民营的养老机构为例，4 人间的床位服务标准如下：半失能老人所需花费的平均月费为 4 700 元，全失能老人花费的平均月费为 6 700 元。据不同学者的研究，服务质量决定收费价格。有研究对养老机构服务定价影响因素进行分析，发现养老生活设施、医疗、生活娱乐服务与养老服务价格显著正相关。价格变化对养老服务内容存在影响。因而，养老机构在收费定价时，要充分考虑当地的政策、经济环境、老人的收入及消费水平等相关因素，区别化收费和定价。

（三）入住对象

老人或其监护人向入住的养老机构提出书面申请，填写《入住申请表》并提交相关材料。

依据申请人身份类别的不同，申请人可分为基本服务保障对象和非基本服务保障对象。

其中，基本服务保障对象指以下 4 类人员。

1. 政府供养特困对象：包括城市特困人员、农村“五保”对象。

2. 困境家庭保障对象：包括低保或低收入家庭中孤寡、失能或高龄的老人。

3. 优待服务保障对象：包括享受县市区级及以上劳动模范待遇、因公致残或见义勇为伤残等为社会做出突出贡献人员中的失能或高龄老人。

4. 计划生育特殊困难家庭中的失能或 70 周岁及以上老人可参照困难家庭保障对象或优待服务保障对象自主选择政府基本养老服务（请参考各地方相关政策的规定）。

非基本服务保障对象是指基本服务保障对象之外的、具有养老照护服务需求的高龄或者失能老人。

随着老龄化趋势及特殊对象的照护需求的增加，养老机构可以有针对性地扩大服务范围，如有认知障碍的老人、因特殊原因导致的暂时性失能人员等。

三、提交材料

要申请入住养老机构，基本服务保障对象的老人需提交基本材料和其他相关证明材料；非基本服务保障对象的老人只需提交基本材料。具体材料内容包括以下 3 类。

1. 基本材料

(1) 申请人身份证、户口本原件和复印件；

(2) 半年内由二级及以上医院出具的体检报告；

(3) 申请人近期 2 寸彩色证件照 1 张；

(4) 监护人身份证原件和复印件；

(5) 监护人联系方式：包括电话、地址、工作单位、微信和电子邮箱等；

(6) 申请人银行卡一张；

(7) 申请人社保卡；

(8) 申请人病历记录；

(9) 所需其他材料。

2. 其他证明材料

(1) 政府供养特困对象和困难家庭保障对象还应提供获得社会救助相关的证件等材料；

(2) 优待服务保障对象还应提供县市区级以上劳动模范的待遇证明、因公致残或见义勇为伤残证明等材料；

(3) 计划生育特殊困难家庭中的失能或 70 周岁及以上老人还应提供县市区卫生计生部门提供的证明材料。

符合且有入住需求的老人或其家属需填写入住申请表提交给养老机构(如表 2.1 所示)。

表 2.1　入住申请表(编号：　　)

姓名		性别		出生年月	
籍贯		民族		身份证号	
退休前职业				社保卡号	
婚姻状况	□ 已婚　□ 离婚　□ 丧偶			月退休金/元	
受教育程度	□ 小学及以下　□ 初中　□ 高中　□ 大学及以上				

续　表

<table>
<tr><td colspan="2">户口所在地</td><td colspan="4">区　　　　路(村)　　　　弄　　　　号　　　　室</td></tr>
<tr><td colspan="2">现居住地址</td><td colspan="4">区　　　　路(村)　　　　弄　　　　号　　　　室</td></tr>
<tr><td colspan="6">病史介绍(现病史用√,既往史用×表示)</td></tr>
<tr><td colspan="2">□ 高血压</td><td colspan="2">□ 急性脑血管病(脑卒中)</td><td colspan="2">□ 心肌梗死</td></tr>
<tr><td colspan="2">□ 帕金森氏症</td><td colspan="2">□ 抑郁倾向</td><td colspan="2">□ 阿尔茨海默病</td></tr>
<tr><td colspan="2">□ 癫痫</td><td colspan="2">□ 肺气肿</td><td colspan="2">□ 慢性消化系统疾病</td></tr>
<tr><td colspan="2">□ 泌尿系统疾病</td><td colspan="2">□ 糖尿病</td><td colspan="2">□ 皮肤病</td></tr>
<tr><td colspan="2">□ 肿瘤</td><td colspan="2">□ 肢体骨折</td><td colspan="2">□ 骨质疏松</td></tr>
<tr><td colspan="2">□ 白内障</td><td colspan="2">□ 青光眼</td><td>□ 弱视</td><td>□ 失视</td></tr>
<tr><td colspan="2">□ 听力受损(中)</td><td colspan="2">□ 听力受损(重)</td><td></td><td>□ 失聪</td></tr>
<tr><td colspan="6">其他疾病:</td></tr>
<tr><td colspan="2">申请入住原因</td><td colspan="4"></td></tr>
<tr><td>监护人姓名</td><td></td><td>与老人的关系</td><td></td><td>联系电话</td><td></td></tr>
<tr><td>住址</td><td colspan="3"></td><td>身份证号</td><td></td></tr>
<tr><td rowspan="6">其他家庭成员</td><td>姓名</td><td colspan="2">身份证号</td><td>与老人关系</td><td>联系电话</td></tr>
<tr><td></td><td colspan="2"></td><td></td><td></td></tr>
<tr><td></td><td colspan="2"></td><td></td><td></td></tr>
<tr><td></td><td colspan="2"></td><td></td><td></td></tr>
<tr><td></td><td colspan="2"></td><td></td><td></td></tr>
<tr><td></td><td colspan="2"></td><td></td><td></td></tr>
</table>

续 表

家庭成员之间关系简述：	
说明	1. 申请人需保证填写的信息真实可靠、全面充分。对由于隐瞒或误报老人或家属信息所产生的一切法律责任由申请人承担。 2. 养老机构承诺：申请人所提供的信息将被严格保密，除通过法律途径外，不得透露给第三方。
申请人签字	年　月　日

四、受理

养老机构在收到申请人或其监护人递交的申请人材料后，对材料进行审核，对材料齐全、真实、有效且符合条件（如基本养老服务保障对象申请入住养老机构的老人必须为本地户籍）的进行受理，对申请材料不全或不符合收住条件的不予以受理，并且需当场告知其原因，同时做好解释工作。审核合格的材料，养老机构需将材料报至入住的养老机构管理部门，确定申请人的身份类别。

第三章　评　估

评估分为长护险等级评估和养老机构内照护等级评估两种。

目前,国内负责养老机构入住评估的部门存在两套制度:第一种,纳入政府统一的入住公办养老机构评估管理体系,即长护险等级的评估;第二种,没有纳入统一的入住公办养老机构评估管理体系,即照护等级评估。后者一般在民办养老机构的入住评估中使用。评估内容、评估标准和评估方法因具体养老机构而有所不同。

养老机构入住评估的主体目前存在两种类型:养老机构本身和第三方专门评估机构。如需申请入住民办养老机构,老人可直接向养老机构本身提出入住申请,由养老机构安排机构内有评估资质的人员进行评估;如需入住公办养老机构,老人则需向当地养老机构入住管理部门提出申请,多由其安排第三方评估机构为老人开展评估。

评估工作需要评估方在收到申请材料的 15 个工作日内完成,以便准确地判断老人所属的照护等级,以及老人是否符合养老机构入住的条件。

照护等级的评估一般在养老机构收到申请人信息后第一时间联系申请人或者监护人，收集申请人的基本信息，以便了解申请人的情况并初步判断其是否符合入住要求。若申请人符合收住要求则跟申请人或者监护人约定评估时间和地点，由养老机构内专业的评估人员进行照护等级评定；若明显不符合收住要求，则需养老机构明确告知申请人或监护人。

一、评估前的准备

（一）确定评估内容和评估方式

评估分为长护险评估和养老机构内照护等级评估。

长护险评估是由养老机构或第三方评估机构在接到评估通知后，由具有资质的专业人员组成评估小组进行评估。养老机构的工作人员在初步了解老人信息后，要与老人及其监护人约定评估时间和评估方式。

1. 评估资质

无论评估主体是养老机构本身还是第三方评估机构，都应具备以下评估资质：

（1）依法独立登记；

（2）具有5人及以上的评估人员；

（3）具有稳定的办公场所；

（4）负责人和评估人员均没有违法和违规等不良记录；

（5）评估人员经过培训，具备医学、护理学、社会工作等专业背景并取得专业技能证书，具有评估工作经历；

（6）能在规定时间内完成评估工作，保证评估质量。

养老机构内照护等级评估是养老机构在确认老人入住意愿，体检合格，符合入住条件后，由养老机构专业的评估小组人员与老人或者监护人约定评估时间和方式后进行评估，评估结果将作为入住的收费依据和照护计划制订的依据。

2. 评估方式

长护险评估的方式有两种，即老人及其监护人到指定的评估机构进行评估；老人因行动不便且无人照料等原因不能到机构评估，则由评估人员上门评估。为了使评估结果更具有可行性且考虑部分老人行动不便，一般采用上门评估的方式。养老机构的照护等级评估一般为上门评估或者根据具体情况可以在申请人入住时当场评估，这种评估一般很少用到，只有在特殊情况下才会使用。

不同专业层级的评估量表需要不同专业能力的人员参与评估，评估团队由照护服务人员、医生、护士、社会工作者、康复医师、心理咨询师、营养师等组成。

（二）准备评估场地和设备

在评估开始前，评估小组的成员需要做好评估场地和设备的准备工作。

(1) 应保持安静、整洁、光线明亮、空气清新、温度适宜的评估环境；

(2) 需提前准备好评估所使用的问卷和量表及其他评估中需使用的道具，如椅子、桌子等。

二、评估实施

评估小组成员按照约定的时间、地点和方式，开展评估工作。评估工作的内容包括以下 5 个方面。

（一）身份特征

依据老人或其监护人提供的身份证、户口本，确定老人或其监护人的年龄、户籍地(常住地)等基本情况。

（二）健康状况

根据老人的半年内健康体检报告，检查老人有无精神性疾病、传染性疾病或需住院治疗的急性疾病，并且与其签署知情同意书。残疾人还应提交伤残等级证书或相关证明材料。

（三）对象类别

依据老人或其监护人的经济状况、家庭成员及社会贡献等，确定其所属的保障对象类别。

1. 家庭经济状况

审核老人户籍地（常住地）县市区民政部门核发的城市特困、低保、低收入等相关证件或证明材料。

2. 家庭成员状况

包含老人子女及其法定赡养人，审核老人户籍地（常住地）居（村）民委员会出具的孤寡老人证明，户籍地（常住地）县市区卫生计生部门、乡镇（街道）、县市区残联等核发的证件或相关材料。

3. 优待资格

审核老人或其监护人提供的县市区级及以上劳动模范待遇证明、因公致残和见义勇为伤残证明、其他身份类别证明等相关证明材料。

（四）评估量表的选择

养老机构的评估量表往往选择从老人的生理情况（包括基础疾病和生活自理能力），心理情况（抑郁、认知障碍等），社会参与度情况（社交能力和社会关系等）三个维度出发，选择各种量表。此种量表选择目的在于评估后能快速了解老人的需求和照护风险，根据评估量表的结果，选择适合的服务内容。

因此，养老机构在选择量表时要充分考虑养老机构的特点，如养老机构为医养结合且养老机构中的老人大多为失能状态或半失能状态，可根据养老机构的实际医疗、康复水平，将老人的健康情况和健康需求相结合，可以考虑在评估量表中设计对应的康复照护类专业评估，如肌力的评估、口腔健康评估、肢体活动度评估、吞咽功能评估、褥疮风险评估、营养情况评估等。如养老机构为以生活照护为主的养老公寓，并且老人为相对有活力的老人，则要考虑一些风险照护和活动需求类的评估，如防跌倒平衡能力评估、社会活动参与需求评估、满意度评估等。

除此之外，养老机构还要考虑老人的个性化特点或需求。不能千人一表，也不能过于追求标准化、产线化评估，而忽略了以人为本的为老服务理念。例如，针对具有认知障碍的且身体自主活动能力尚存的老人，养老机构需要增加其防走失评估模块。

本书中展示的只是养老机构常见或常用量表的内容。如综合情况初评类：表 3.1 入住评估表；生理情况评估类：表 3.2 老人身体机能、表 3.3 老人日常生活习惯；社会参与度评估类：表 3.4 人际关系自我评定量表、表 3.5 老人家庭支持评估；老人心理支持评估类：表 3.6 老人抑郁量表。

（五）量表使用要求

老人自理能力评估内容（见表 3.1 入住评估表）包括日常生活活动能力，精神状态，知觉与沟通，老人在意识水平、视力、听力、沟通交流等方面的能力和社会参与能力。以上量表为入住前需完成的量表，主要是为了养老机构可以初步了解老人的综合情况和基本需求，用于老人入住时进行的服务收费定位。老人的自理能力常被划分为"自理""轻度失能""中度失能""重度失能"四级，或者"照护一级""照护二级""照护三级""照护四级""照护五级""专护"六级。

一般情况下，老人入住一周内或一周后，养老机构将根据老人的需求变化或不同的服务反馈，选择量表进行进一步的评估。

养老机构也可以根据老人入住时初次评估照护等级的不同，而进行定期评估。例如，五级照护，照护等级每月评估一次，日常生活活动能力每月评估一次，健康状况变化随时评估；四级照护，照护等级每两个月评估一次，日常生活活动能力每月评估一次，健康状况变化随时评估；三级照护，照护等级每三个月评估一次，日常生活活动能力每月评估一次，健康状况变化随时评估；二级照护，照护等级每三个月评估一次，日常生活活动能力每月评估一次，健康状况变化随时评估；一级照护，照护等级每三个月评估一次，日常生活活动能力每月评估一次，健康状况变化随时评估；专护，照护等级每月评估一次，日常生活活动能力每月评估一次，健康状况变化随时评估。

（六）常见量表（见表3.1～3.6）

表3.1　入住评估表

××××养老机构入住评估表					
老人姓名：		性别：	年龄：		
出生年月：		身份证号：			
护理级别：		评估时间：			
评估结论：入住　级别调整　出住　评估类别：初评　再评					
			编号		
类目	项目	评估内容描述	分值	标准	分数
生活	进食	独立使用餐具将饭菜送入口、咀嚼、吞咽	0	正常	
		能独立使用，但不能在相应时间范围内完成	10	轻度	
		需协助，如切碎、搅拌、喂饭等	15	中度	
		完全需要帮助或流质进食、留置胃管等	20	重	
	修饰	独立完成洗头、梳头、洗脸、洗脚、刷牙	0	正常	
		在相应的时间内可自行完成以上动作，但不能完全整洁到位	10	轻度	
		协助下，在相应时间内能完成	15	中度	
		完全需要帮助	20	重度	
	洗澡	独立完成	0	正常	
		能自行准备衣物，但行动稍迟缓，需要照看洗澡	10	轻度	

续 表

生活	洗澡	需他人协助准备衣物或者需协助洗澡	15	中度	
		完全需要帮助	20	重度	
	穿脱衣服	独立完成穿上衣、穿下衣、穿鞋、系鞋带等	0	正常	
		能独立完成,但不能在相应时间范围内完成	10	轻度	
		需协助才能完成	15	中度	
		完全需要帮助	20	重度	
	如厕	独立完成用厕或便盆便溺,穿脱衣裤,擦净,冲洗或清洗便盆	0	正常	
		基本上能完成	10	轻度	
		在提示或协助下才能完成	15	中度	
		完全需要帮助	20	重度	
	排泄	正常	0	正常	
		小便或大便偶有失禁	10	轻度	
		小便或大便经常失禁,或者有长期顽固性便秘,需要人取便	15	中度	
		完全失禁或者使用导尿管	20	重度	
	移动	独立完成站立、转移、行走、上下楼梯等	0	正常	
		借助较小的外力能完成上述动作(助行器、拐杖等)	10	轻度	
		借助较大的外力或需协助才能完成上述动作	15	中度	
		完全需要帮助	20	重度	
	床上活动能力	独立完成床上移动,变换体位等	0	正常	
		借助较小的外力能完成	10	轻度	
		需要协助或较大的外力才能完成	15	中度	
		完全需要帮助	20	重度	

续 表

生活	保护性约束	完全不需要	0	正常	
		部分部位（如手、脚等）需要，并且老人配合	10	轻度	
		部分部位（如手、脚等）需要，但老人不配合	15	中度	
		完全需要	20	重度	
	睡眠状况	睡眠正常	0	正常	
		睡眠状况不好，需要药物助眠，但不影响他人休息	10	轻度	
		睡眠形态异常，影响他人休息	15	中度	
		睡眠形态紊乱，严重影响他人休息	20	重度	
身体	视力	能看清物体	0	正常	
		视物不清，需戴眼镜视物	10	轻度	
		视力特殊，眼部有疾病：低视力（矫正后），视物困难	15	中度	
		视力丧失，完全依赖	20	重度	
	听力	听力正常	0	正常	
		听力稍有减退，如说话大声才能不影响正常交流	10	轻度	
		听力减退明显，影响正常交流	15	中度	
		完全听不见	20	重度	
	近期记忆	对近期发生的事情记忆清晰	0	正常	
		近期事情记忆模糊，提示下能全部记起	10	轻度	
		近期事情遗忘，提示下记起部分	15	中度	
		经提示也不能记起近期发生的事	20	重度	
	心肺功能	能参加一些简单的活动（如步行、上厕所等）	0	正常	
		心肺活动稍重（爬楼梯、提物等），感觉气急	10	轻度	

续 表

身体	心肺功能	动则气急，不能活动	15	中度	
		长期卧床为主	20	重度	
	定向能力	对人物、时间、地点、空间等识别和判断完全正确	0	正常	
		提示下，能正确说出人物、时间、地点、空间等	10	轻度	
		定向能力时好时坏，经提示也不能完全正确表述	15	中度	
		经提示定向能力完全不正确	20	重度	
	判断能力	对日常生活的内容、时间、谁人处理等判断正确	0	正常	
		提示下，能判断正确	10	轻度	
		提示下，能部分判断正确	15	中度	
		经提示也完全判断不正确	20	重度	
需求及社会功能	医疗需求	药物自理	0	正常	
		统一摆药、发药	10	轻度	
		定期包扎捣药	15	中度	
		统一摆药、发药，带有导尿管、鼻饲管、尿袋等	20	重度	
	情绪	情绪稳定	0	正常	
		情绪不稳定，通过沟通能被人理解	10	轻度	
		易激动，情绪变化大或情感淡漠	15	中度	
		喜怒无常，药物控制无效，毫无反应	20	重度	
	行为	正常	0	正常	
		偶尔异常，不影响正常生活	10	轻度	
		经常有异常行为并影响正常生活，需要一定的监护	15	中度	
		经常有异常行为，严重影响正常生活，完全需要监护	20	重度	

续　表

需求及社会功能	沟通	理解准确，表达清晰	0	正常	
		简单协助能理解或表达，能正常交流	10	轻度	
		需提示，能部分理解和表达，不能正常完成交流	15	中度	
		经提示也不能正确表达和理解，交流困难	20	重度	
评分标准：0～9 分为一级(自理)，10～29 分为二级(轻度失能)，30～69 分为三级(轻度失能)，70～119 分为四级(中度失能)，120～180 分为五级(重度失能)，180 分以上为专护。					
	护理评估：				
	评估组长：				
	评估结果：				
	监护人签字：				

表 3.2　老人身体机能

1. 检测：a. 体温(　℃)　b. 脉搏(　次/分)　c. 呼吸(　次/分)　d. 血压(右　/mmHg　左　/mmHg)
2. 身高(　cm)　体重(　kg)
3. 面色：(红润　苍白　灰暗　其他)
4. 视觉障碍(近视　远视　老花眼　弱视　色盲　失明)
5. 听觉障碍(正常　轻度　中度　重度)
6. 味觉障碍(甜味　苦味　辣味　酸味)
7. 麻痹部位(有　无)；麻痹的部位(　)
8. 四肢冷感的(有　无)；部位(　)
9. 使用中的辅助道具(手杖　步行器　眼镜　助听器　假肢　轮椅等)
10. 过敏性体征的(有　无)　药(　)　食物(　)　其他(　)

表 3.3　老人日常生活习惯

(1) 一天的习惯性活动
a. 夜深了也不睡觉(至　　几点)
b. 白天,有规律午睡：________________
c. 一个星期一天以上的外出活动：________________
d. 有个人爱好,如阅读等,能有规律地忙碌着：________________
e. 大部分时间都是一个人待着或一个人看电视：________________
f. 在家中能自行移动(包括使用辅助器具)：________________
g. 一天至少抽一次烟：________________
h. 其他：________________
(2) 进餐的习惯
a. 明显偏食(喜欢的食物：________　不喜欢的食物：________)
b. 基本上每天都吃零食(零食的内容量：________________)
c. 一星期的饮酒情况(酒的种类______　酒量______　次数________)
d. 其他________________
(3) 日常生活的行动方式
a. 大部分的时候是整天穿着睡衣的
b. 排泄(排尿____次/日　夜间排尿____次/就寝开始到起床为止) (排便____次/日)
c. 清洁(入浴____次/星期)
d. 着装(能自行穿衣　不能)
(4) 其他________
a. 每天跟亲人或朋友接触(经常　偶尔　从不)
b. 参加宗教活动(是　否)

续 表

c. 每天有动物做伴(是　否)	
d. 参加集体活动(是　否)	
e. 兴趣爱好________	
f. 其他________	

表 3.4　人际关系自我评定量表

序号	条　目	选　　项	评分	其他
1	在人际关系中,我的信条是	A. 大多数人是友善的,是可与之为友的	3	
		B. 人群中有一半人是狡诈的,一半人是善良的,我将选择善良的人作为朋友	2	
		C. 大多数人是狡诈虚伪,不可与之为友的	1	
2	最近我新交了一批朋友,这是	A. 因为我需要他们	1	
		B. 因为他们喜欢我	2	
		C. 因为我发现他们有意思,令我感兴趣	3	
3	外出旅游时,我	A. 很容易交上新朋友	3	
		B. 喜欢一个人独处	2	
		C. 想交朋友,但又感到困难	1	
4	我已约定要去看望一位朋友,但因太累而失约。这种情况下,我感到	A. 无所谓,对方肯定会谅解我的	1	
		B. 有些不安,但又总是在自我安慰	3	
		C. 很想了解对方是否对自己有不满情绪	2	
5	我结交朋友的时间通常是	A. 数年之久	3	
		B. 不一定,合得来的朋友能长久相处	2	
		C. 时间不长,经常更换	1	

续 表

序号	条 目	选 项	评分	其他
6	一位朋友告诉我一件极有趣的个人私事，我	A. 尽量为其保密，不对任何人讲	2	
		B. 根本没考虑过要继续扩大宣传此事	3	
		C. 当朋友刚离去即与他人议论此事	1	
7	当我遇到困难时，我	A. 通常是靠朋友解决的	1	
		B. 要找自己信赖的朋友商量	2	
		C. 不到万不得已时，绝不求人	3	
8	当朋友遇到困难时，我觉得	A. 他们都喜欢来找我帮忙	3	
		B. 只有那些与我关系密切的朋友才来找我商量	2	
		C. 一般都不愿意来麻烦我	1	
9	我交朋友的一般途径是	A. 经熟人介绍	2	
		B. 在各种社交场合结交	3	
		C. 必须经过一定的时间，并且还相当困难	1	
10	我认为选择作为朋友的人最重要的品质是	A. 具有吸引我的才华	3	
		B. 可以信赖	2	
		C. 对方对我感兴趣	1	
11	我给人们的印象是	A. 经常会引人发笑	2	
		B. 经常启发人们思考问题	1	
		C. 和我相处时别人会感到舒服	3	
12	在晚会上，如果有人提议让我表演我会	A. 婉言谢绝	2	
		B. 欣然接受	3	
		C. 直截了当地拒绝	1	

续　表

序号	条　目	选　　项	评分	其他
13	对于朋友的优缺点，我喜欢	A. 诚心诚意地当面赞扬他的优点	3	
		B. 会诚实地对他提出批评意见	1	
		C. 既不奉承，也不批评	2	
14	我所结交的朋友	A. 只能是那些与我利益密切相关的人	1	
		B. 通常能和任何人相处	3	
		C. 有时愿与自己兴趣相投的人和睦相处	2	
15	如果朋友和我开玩笑（恶作剧），我总是	A. 和大家一起笑	3	
		B. 很生气并有所表现	1	
		C. 有时高兴，有时生气，依自己当时的情绪和情况而定	2	
16	当别人依赖我时，我是这样想的	A. 我不在乎，但我自己喜欢独立于朋友之中	2	
		B. 这很好，我喜欢别人依赖我	3	
		C. 要小心点，保持冷静、清醒的态度	1	

表 3.5　老人家庭支持评估

下面的条目提供了发生在家庭成员相互关系中一次或几次的感觉和经历，每个条目有“是”和“否”两种答案，请在您认为合适的答案上画“√”。

条　目	是	否
1. 当我需要的时候，我的家人会给我义不容辞的支持		
2. 我能得到家庭成员给我的好主意		
3. 我与家庭成员之间的亲密关系不如与其他人的关系好		

续 表

条　目	是	否
4. 我向家中最亲密的成员倾诉痛苦后，他(她)也感到同样痛苦		
5. 家庭成员乐于倾听我的想法		
6. 我的许多快乐都与家庭成员共同分享		
7. 我依赖家庭成员给我的情绪(精神)支持		
8. 如果我感到沮丧，我能向某个家庭成员诉说且以后不会被嘲笑		
9. 我与家庭成员之间所考虑的共同的事情能彼此公开交流		
10. 对我个人的需要，我的家庭成员反应迅速		
11. 我的家庭成员乐于帮我解决问题		
12. 我和许多家庭成员之间关系很好		
13. 当我向家庭成员倾诉时，我感到不舒服		
14. 如果其他人和家庭成员之间的关系过于密切，我感到不舒服		
15. 我希望我的家庭与现在有所不同		

评分标准：量表共 15 个条目，选择答案为"是"或"否"，问卷得分范围为 0～15 分。得分越高，表示家庭支持越好，得分≥10 分为高家庭支持，得分<10 分为低家庭支持。

表 3.6　老人抑郁量表

序号	请选择切合你最近一周感受的答案	是	否	得分
1	你对生活基本上满意吗?	0	1	
2	你是否已经放弃了许多活动和兴趣?	1	0	
3	你是否觉得生活空虚?	1	0	
4	你是否常感到厌倦?	1	0	
5	你觉得未来有希望吗?	0	1	

续 表

序号	请选择切合你最近一周感受的答案	是	否	得分
6	你是否因为脑子里有一些想法摆脱不掉而烦恼?	1	0	
7	你是否大部分时间精力充沛?	0	1	
8	你是否害怕会有不幸的事落到你头上?	1	0	
9	你是否大部分时间感到幸福和快乐?	0	1	
10	你是否常感到孤立无援?	1	0	
11	你是否经常坐立不安、心烦意乱?	1	0	
12	你是否希望待在家里而不愿意去做一些新鲜的事?	1	0	
13	你是否常常担心未来?	1	0	
14	你是否觉得记忆力比以前差了?	1	0	
15	你是否觉得现在生活很惬意?	0	1	
16	你是否常感到心情沉重、郁闷?	1	0	
17	你是否觉得像现在这样的生活毫无意义?	1	0	
18	你是否常为过去的事忧愁?	1	0	
19	你觉得生活很令人兴奋吗?	0	1	
20	你开始一件新的工作困难吗?	1	0	
21	你觉得生活充满活力吗?	0	1	
22	你是否觉得你的处境毫无希望?	1	0	
23	你是否觉得大多数人比你强?	1	0	
24	你是否常为一些小事而伤心?	1	0	
25	你是否常想哭?	1	0	
26	你集中精力困难吗?	1	0	

续 表

序号	请选择切合你最近一周感受的答案	是	否	得分
27	你早晨起床开心吗?	0	1	
28	你希望避开聚会吗?	1	0	
29	你做决定很容易吗?	0	1	
30	你的头脑像往常一样清晰吗?	0	1	
总分				
评价标准:0～9 分(总分 30 分)可视为正常范围;10～19 分提示轻度抑郁;20～30 分为重度抑郁。				

三、评估结果评定及告知

为老人完成所有入住评估后,评估小组根据评分规则,得出评估结果并当场告知申请人或者监护人,请其签字确认。

第四章　入住通知

一、通知入住

经评估，对符合入住条件的人员，养老机构需要在 3 个工作日内根据床位空余情况，通过电话、短信等方式通知申请人或其监护人。养老机构入住采用轮候制，按时间先后顺序入住。

老人或其监护人收到入住通知后，应在规定时间内到养老机构办理入住手续。

申请人有下列情形之一的，则视为放弃入住资格：

(1) 无特殊事由在 5 个工作日内未办理入住手续的；

(2) 对床位安排不满意，拒绝入住的。

图 4.1 为某养老机构入住通知书，作为示例。

入住通知书　　　　　　　　编号：

尊敬的____________女士/先生：

您好！经评估，我们决定接受您的入住申请。

在此我们热烈欢迎您入住本机构。请您子女或责任人于________年____月____日前来办理为期两周的试住手续（实际入住时间将另行通知）。试住期间您将体验我们尽心尽力且专业的服务。请您（或子女、责任人）在试住期结束前__3__日通知我们是否可以继续为您服务。当然，我们也会在这期间判断您的服务要求是否超出我们的专业能力，以确定我们是否有能力为您提供长期的服务。

您将被安排在____房间____床。我们根据评估结果制订的照护计划，入住费用共计________元/月（温馨提示：试住期需预先支付一个月的费用，试住期后若您继续入住则按季度收费；试住期内不再继续试住的，将按“足周按周收费，不足周按天收费”的原则收取入住费用），包括：

1. 床位费＋护理服务费：　　　　元/月

2. 伙食费：　　　　元/月

除此之外，您还需要缴纳试住期间的医疗保证金________元，这笔资金将专款用于您出现医疗需求时支付的费用（在出院并结清费用后，该笔费用将在3个工作日内退还）。同时您还需支付____元的一次性生活代办费，我们将统一为您配备：被子、被套、枕头（套）、床单及毛毯（试住结束后，这些物品将作为您的个人物品继续使用，如决定放弃继续入住，您可以将它们带回家）。您也可以选择租用被子、被套、枕头（套）、床单及毛毯，每天支付____元，为了让您尽快熟悉新环境，您也可携带其他个人小件物品和日常用品，包括衣物、洁具、通信工具等。

最后，衷心感谢您对我们的信任，我们的目标只有一个：提供专业的服务，帮助您成为快乐的老人！

×××××××机构

日期：　　年　　月　　日

图 4.1　入住通知书

二、入住须知

在老人确定入住该养老机构后，养老机构需告知老人及其家属入住养老机构所需的注意事项及要准备的物品。具体可参考以下《入住须知》《试住协议》《住养补充协议》。

××××机构　入住须知

一、入住资格

入住××××机构的老人须满足以下三项条件：

1. 为60岁以上的老人；

2. 通过评估确定有中度、重度失能(伴随轻度失智)的老人；

3. 无精神疾病或病史，无传染性疾病，无其他可能会影响同样入住老人生活的疾病。

二、入住流程

入住××××机构老人的子女可按以下流程办理入住：

参观和登记：由申请人或监护人到××××机构为老人登记；参观、了解××××机构的基本情况和服务内容；确定入住意向，预约上门评估的时间。

评估和申请：××××机构安排人员上门对老人的情况进行《照护需求评估》；申请人或监护人填写××××机构的《入住申请表》。

审核和通知：××××机构根据《照护需求评估》报告和《入住申请表》，审核入住申请。如审核通过，该机构将完成《照护计划》的填写，并且向申请人或监护人发出《入住通知》，包括各注意事项、收费情况和需要准备的材料。

入住办理：申请人或监护人按《服务通知书》和本须知第三条的要求，准备和递交与老人相关的材料并缴纳费用。材料确认无误后，签订各类文件，包括试住期合同等；所有资料齐全且费用已经缴纳之后，双方协商确定老人实际入住的时间。

试住期：申请人或监护人将根据双方确认的实际入住时间入住，实际入住后前两周为试住期。

照护计划确认：护理部将在试住期对老人进行密切观察，并可能根据需要调整照护计划，确保老人获得最专业的照护，每次调整前都将与家属沟通并获得家属的签字确认。

正式入住：试住期结束后，双方无书面异议，签订正式入住合同，正式入住期开始。

三、材料准备

申请人或监护人在接到××××机构的《入住通知》之后，须提交以下材料：

- 老人身份证：出示老人身份证原件，并且提供2份身份证正反面复印件；
- 老人照片：老人2寸免冠照2张；
- 子女身份证：出示子女身份证原件，并且提供2份身份证正反面复印件；
- 子女联系方式：包括电话、地址、工作单位、微信和电子邮箱等；
- 老人本人银行卡一张；
- 老人户口本：出示老人户口本，并且提供复印件2份，复印件须包括老人本人所在户口本的户主页和其他所有成员的成员页；
- 老人社保卡：出示老人社保卡原件，并且提供2份正反面的复印件；
- 老人病历记录、体检报告和出院小结。

提供老人的病历卡原件和病史记录复印件，病史记录须包括老人既往所有病史记录、用药记录、接受手术或其他治疗的记录。

提供老人半年内的体检报告，体检报告应至少包括以下内容：

心脑血管检查，如24小时心电图和血压、心脏彩色B超，颈动脉B超；

肝、胆、胰腺B超，胸透，头部CT；

眼底检查(老年性白内障、原发性青光眼、动脉硬化)；

血常规、尿常规、粪常规；

大便常规检查、大便隐血试验；

生化检查：肝功能检查(包括2对半)、肾功能全套、血脂、空腹和餐后2小时血糖、尿酸；

骨密度；

妇科检查或前列腺检查；

对患有某种专病的老人还需要该项疾患的相关检查和诊断资料。

温馨提示：

详细的体检报告将会帮助我们提高老人的照护质量、降低安全风险，敬请理解和支持：

如果老人近期住院，监护人也可用《出院小结》来代替部分病史记录和体检报告，《出院小结》需包括上述提及的所有内容。

四、合同签订

在家属提供的材料确认无误，以及入住所需要的费用确认的情况下，××××机构和申请人或监护人需要签订以下文件：

1.《××××机构试住期入住合同》《养老机构入住合同》（上海行业协会统一版）；

2.《××××机构住养补充协议》；

3.《住养老人承诺书》；

4.《委托药品管理约定书》（如有需要）；

5. 其他需要签订的文件。

五、其他须知

1. 在双方约定老人实际入住的时间后，其家属或责任人需要为老人准备携带进入机构的个人日常用品（见《入住通知书》）；

2. 入住者的监护人应时刻与本机构保持联系，若联系方式有变应当及时通知本机构，以保证入住者如发生紧急情况可及时精准地通知监护人，若因监护人地址不清、电话不明而导致机构无法及时联系监护人的情况，因延迟时间而造成的一切后果，由入住人的监护人承担；

3. 入住者在选定房间之后，未经机构许可不得调换房间、私留他人住宿或私自转让（转租）；若因特殊情况确需调换、留宿的，必须向本机构提出书面申请，经批准后由机构进行安排；

4. 入住者不得擅自携带电器入住本机构，因入住者擅自带入的电器出现任何问题或意外，均由入住者及其监护人承担；

5. 入住者的贵重物品（如现金、首饰等）应自行妥善保管，如有丢失，责任由入住人或其监护人自行承担；

6. 老人入住期间外出实行请假制度，如果入住者需请假回家，在离开机构前应由监护人进行信息登记，相关手续办理完成后方能离开机构；未履行书面请假手续者不得擅自外出、外宿，入住人离开机构后在机构外所发生的一切事故或意外，其后果由入住人员及家属自行承担；

7. 入住者如需提前结束住宿，如老人请假回家后想离开，必须及时通知本机构，时间按办理出院手续的时间结算；办理结束住宿手续时，需要凭借入住押金凭证退还押金；

8. 为了让老人尽快熟悉新环境、适应新生活，我们建议您准备一些老人年轻时或与家人在一起的生活照片及其他具有纪念意义的物品，包括但不限于老人之前取得过的各类荣誉证书、奖状等。我们深知这些物品对老人来说是非常珍贵的，因此我们将非常认真地对其进行装裱和妥善保管，将他们放置在老人日常生活区域，如生活区的走廊、客厅等处，尽量为老人营造像“家”一样熟悉的氛围；

9. 本须知的最终修订、解释权属于××××机构。

老人本人或委托担保人签章：

××××机构告知者签章：

日期：　　年　　月　　日

××××机构　试住协议

编号：

________老人，现年______岁，因家属无法给老人进行生活照料，要求入住××××机构，考虑该老人有可能不适应××××机构的集体生活，双方经协商后，同意其试住。试住自____年____月____日至____年____月____日。试住期内如该老人不适应××××机构内的集体生活或有其他不适合入住的原因，院方可要求其结束在××××机构内的住养生活。家属不得以任何理由拒绝。老人在养老机构的试住期内收取医疗保证金5 000元整(大写：伍仟元整)，期满之后办理入院手续。

该老人患有____等疾病，这些疾病随时可能导致老人摔倒或生命体征发生变化等状况。这些由老人自身身体引起的状况，产生的后果由老人和家属自行承担。

本承诺书具有法律效力。

甲方：　　　　　　　　　　乙方：

××××机构　　　　　　　　与老人关系：

××××机构　住养补充协议

编号：

甲方：××××机构

乙方(入住方)：　　　　　　性别：　　　　　出生年月：

身份证号码：　　　　　　　　　电话：

家庭住址：

丙方(乙方监护人)：　　　　性别：　　　　　出生年月：

身份证号码：　　　　　　　　　电话：

家庭住址：

××××机构(以下简称甲方)为养老机构的合法运营和管理方。乙方为××××机构的入住老人，自主自愿进入××××机构接受服务。丙方为乙方的合法监护人。为明确甲、乙、丙三方的权利、义务和责任，经三方平等协商，自愿达成如下协议：

第一条　乙方自主自愿，丙方同意乙方入住××××机构，认可甲方制定的管理制度，服从甲方服务人员的管理。

第二条　甲方有权要求乙方提供自身的健康状况、行为能力情况及生活自理能力情况的书面证明。乙方和丙方不得对乙方身体或精神状况有任何隐瞒或提供虚假信息。由于隐瞒或虚报乙方信息所带来的所有责任由乙方和丙方承担。如乙方有以下情况但不限于以下情况的，甲方可拒绝提供服务：

- 隐瞒病史的；
- 患有传染性疾病的；
- 患有精神疾病且病情不稳的；
- 严重妨碍其他人员在养老机构内正常生活的；
- 无视甲方规章制度的；
- 其他原因不宜继续在××××机构住养的。

第三条　乙方进入××××机构的前两周为试住期。在试住期间，如甲方发现乙方的身体和精神状况较入院前评估结果有较大差别的，甲方有权根据实际情况对乙方的照护计划和收费进行调整。如果在试住期间发现乙方的照护需求超出了甲方的服务能力，甲方有权终止服务。

第四条　乙方在××××机构内必须在规定的场所生活及活动，按照甲方制订的服务计划接受服务，服从甲方的管理。如乙方在××××机构内不听从工作人员的劝告，擅自行动而导致的摔跤、骨折甚至死亡等后果，责任由乙方自负。

第五条　乙方年事已高，生理机能逐渐衰退，客观上已处于高危状态。对由于乙方身体机能衰退或自身疾病所引起的一切自身和他人的身体、经济和精神的损失，由乙方承担。

第六条　××××机构内严格禁烟，入住机构之后乙方不得吸烟。在××××机构内，餐饮伙食由甲方统一安排，乙方在××××机构内不得私自开伙或使用大功率电器。乙方在××××机构内也不得有其他威胁公共安全或扰乱其他住养老人生活的行为。丙方应配合甲方，督促乙方遵守××××机构内的各项安全规定。

第七条　在住养期间，甲方会对乙方进行持续评估。如果甲方判定乙方不再符合养老机构的入住要求，或是乙方在照护、医疗方面的服务需求已经超过了甲方提供服务的能力，甲方有权拒绝继续为乙方提供服务。

第八条　对乙方带入机构的钱财、贵重物品，乙方须自行妥善保管。如有遗失，甲方将不负有任何责任。

本协议具有法律效力。

家属确认：

住养老人所有负有赡养义务或者享有继承权的家人，均已在委托人表格栏内签名。未签名的其他人无权过问老人的住养事宜。

委托人：（依次排序）

序号	姓名	与老人关系	联系地址	联系电话

续　表

序号	姓名	与老人关系	联系地址	联系电话

(以下空白)

甲方：	乙方：	丙方：
(盖章)	(签字)	(签字)
法定代表人(签字)：	地址：	地址：
邮编：	邮编：	邮编：
电话：	电话：	电话：
日期：　年　月　日	日期：　年　月　日	日期：　年　月　日

(一) 需携带的物品

(1) 餐具类：饭盒或饭碗(可置于微波炉中加热)、筷子、汤勺；

(2) 洗漱类：盆(建议不少于 2 个)、牙刷、牙杯、牙膏、水杯、毛巾；

(3) 洗浴类：肥皂、沐浴露、洗发水、拖鞋(备一双洗浴专用)、衣架(若干)；

(4) 生活类：当季换洗衣物、纸巾、卫生纸；

(5) 老人半年内体检报告。

当申请入住的老人确定入住时，养老机构需告知其到医院进行体检并提交体检报告。体检通知单一式两份，老人和养老机构各执一份。

(二) 代购的生活用品

床单、被套、枕套、枕芯、棉被、棉絮、凉席。

注：根据养老机构的实际情况确定。

(三) 收费标准

在入住须知中，养老机构还需告知申请人本机构的收费情况，以便于老人了解和缴纳相关费用。

费用类别	费用类别细目	费用标准(元/月)
床位费	单人房	—
	双人房	—
	四人护理房	—
	六人护理房	—
护理费	三级护理	—
	二级护理	—
	一级护理	—
	专护	面议
伙食费	无	—
生活用品代理费	无	—
备注	入住时请带好医疗备用金、生活统一用品代办费及当月老人所需缴纳的费用	

各地养老机构根据政府相关部门出台的养老机构收费管理办法中的指导价和市场调节价制订本机构各收费项目的收费标准,并贴墙公示。

三、签订入住告知书

除告知入住须知外,养老机构工作人员还需以书面的形式告知老人及其家属入住后的注意事项。其中最重要的是老人由于年龄增长、身体机能衰退等不可控生理因素而可能引发的各种疾病并发症、疾病意外等情况,应使养老机构的工作人员知情并争取得到对老人照料工作的理解和支持。

入住告知书

入住通知单

老人姓名：________　年龄：________　性别：________　邮编：________

家庭住址：____________________

电话：________________________

患有何种疾病(入住体检结果)：

尊敬的老人及家属：

首先向您表示热烈的欢迎，希望在未来的日子里，在我们相互的支持和配合下，本机构的服务能够让您感到满意！

您在入住本机构后，随着时间的推移和年龄的增长，各个脏器组织及生理功能可能存在逐渐减退的情况，对疾病的易感性也随之增强。因此，可能会引起各种其他疾病。老年疾病具有突发性、多变性、不典型性及易引起后遗症和并发症等特点。为此，本机构对每一位入住的老人，都需要加强基础护理及健康宣教。

但是，入住本院期间，常会因为老人的身体因素，出现疾病突发或疾病意外等情况，希望您及家属予以理解并积极配合我们的救治工作！例如，

(1) 突发心、脑血管疾病，致猝死；

(2) 由于身体内在因素，肢体乏力等导致跌倒，造成骨折或其他意外情况；

(3) 体弱多病，长期卧床的老人，我们虽尽力精心护理，也难免出

现一些并发症(如肺部感染、褥疮、窒息、尿路感染等);

(4) 由于身心疾病,老人行为不能自控,为了老人自己和他人的安全,需要对老人实行安全保护和约束措施,希望您予以理解和配合;

(5) 老人入住期间,发生疾病变化,需转院治疗时,由本机构相关业务部门根据老人疾病缓、急程度,通知亲属并及时转院,病情紧急时先转院后通知,亲属接到通知后,应及时赶到,需陪护的,护理费由亲属承担。入住的老人未经医院许可,不得私自出院;

(6) 如老人处于疾病晚期,需在医院内过渡临终处理。

以上情况是老人入住本机构之后可能出现的情况,特此提前向您告知。除此以外,仍有本机构不可预估的情况发生,在此本机构一并请您理解。以上所提及的内容在您知晓并表示理解与配合的前提下,签字生效。

本告知单一式两份,家属与院方各执一份。

我愿意托付____________院照顾________老人!

老人的家属/监护人签名:

签名者与老人的关系:

(单位盖章)

年　　月　　日

第五章　签订入住协议

养老机构正式收住老人需要老人、老人家属、养老机构三方共同签订入住协议，明确权责范围，澄清和确定彼此之间的权利和义务。三方入住协议的签订可以有效规避法律纠纷，促进养老服务走向法治化、规范化。因此，为体现入住协议的重要性，本书特地将签订入住协议单独作为一章。

一、入住协议的内容

经双方确认，达成共识后，老人与养老机构签订入住协议，入住协议应包括以下内容：

（1）养老机构的名称、住所、法定代表人或者主要负责人的姓名及其联系方式；

（2）老人及其代理人，以及老人指定联系人的姓名、住址、身份证明、联系方式；

(3) 服务内容和服务方式;

(4) 收费标准及费用支付方式;

(5) 服务期限和地点;

(6) 当事人的权利和义务;

(7) 协议变更、解除与终止的条件;

(8) 违约责任;

(9) 意外伤害责任认定和争议解决方式;

(10) 当事人协商一致的其他内容。

二、《养老机构服务合同》[①]

上海市市场监督管理局、上海市民政局、上海市养老服务行业协会为更好地规范养老服务行为,维护当事人的合法权益,促进养老服务行业健康有序发展,根据《中华人民共和国民法典》《中华人民共和国老年人权益保障法》等法律法规的规定,对《上海市养老服务合同示范文本(2019机构版)》进行了修改,形成了《上海市养老服务合同示范文本(2022机构版)》,于2022年7月1日起在全市范围内推行使用。2022年7月1日起,在本市养老服务中,当事人均可使用《上海市养老服务合同示范文本(2022机构版)》,也可参照《上海市养老服务合同示范文本(2022机构版)》自行制定合同文本。《上海市养老服务合同示范文本(2022机构版)》通过上海市市场监督管理局网站、上海市民政局网站和上海市养老服务行业协会微信公众号予以公布(详见沪市监网监[2022]328号文)。

① 注:本合同内容以官方发布为准,细节处略做修改,使之更符合现行出版规范。

附件

编号：

上海市养老服务合同

示范文本

（2022 机构版）

上海市市场监督管理局

上海市民政局制定

上海市养老服务行业协会

使用说明

一、本合同为示范文本，供养老机构、入住老年人和担保人之间签订养老服务合同使用。当事人可以使用本合同，也可以参照本合同自行制定合同文本。

二、当事人可使用本示范文本电子版进行签约。

三、本示范文本所称养老机构，是指经合法登记并向民政局备案，为老年人提供集中居住和照料护理服务的机构。

四、当事人应当结合具体情况选定本示范文本的选择性条款，划线处应当以文字形式填写完整。

五、当事人可以书面形式对本示范文本内容进行变更或者补充，但变更或者补充的内容不得减轻或者免除应当由养老机构承担的责任。

六、本合同相关条款遇法律法规、服务标准等调整的，按调整后的法律法规、服务标准等执行。

七、本示范文本由上海市市场监督管理局、上海市民政局、上海市养老服务行业协会共同制定。

合同编号：________

上海市养老服务合同

（2022 机构版）

甲方（养老机构）：____________________

乙方（入住老人）：____________________

丙方（担保人）：______________________

根据《中华人民共和国民法典》《中华人民共和国老年人权益保障法》《上海市老年人权益保障条例》《上海市养老服务条例》及有关法律、法规的规定，甲方、乙方、丙方本着平等、自愿、诚实守信的原则，经协商一致，签订本合同。

第一条　服务内容

甲方按照上海市民政局统一制订的上海市养老机构服务分级相关要

求，对乙方身心状况进行入院评估，确定乙方照护等级为________。根据照护等级，甲方向乙方提供相应基本服务，包括饮用水供应和用餐服务、睡眠照护服务、洗漱、修饰和洗浴服务等日常照护服务，用药管理、导管护理、常用医疗护理等预防保健服务，清洁卫生、社交娱乐、心理/精神支持等服务。

经协商一致，甲方可向乙方提供个性化服务、代办服务和其他服务，具体约定服务如下：

1. 个性化服务内容：______________________________，

2. 代办服务内容：________________________________，

3. 其他服务内容：________________________________。

第二条　服务期限

本合同服务期限为____年，自____年____月____日起至____年____月____日止。其中，试住期为____日，自____年____月____日起至____年____月____日止(原则上不超过30日)。

第三条　费用

1. 甲方向乙方收取：

(1) 基本服务费用：______元/月，包括床位费：______元/月，照料护理费：______元/月，按______支付，支付时间______________；

(2) 膳食费：____________元/月，按______支付，支付时间________________；

(3) 个性化服务费：____________，按____支付，支付时间________________；

(4) 代办服务性收费：__________，按____支付，支付时间________________；

(5) 其他费用：________费，________，按____支付，支付时间_______________。

2. 试住期按以上标准，根据实际入住天数结算费用。

第四条　入住保证金

1. 自本合同签订之日起____日内，乙方向甲方支付入住保证金，金额为________元(原则上不超过月基本服务费用的四倍)，甲方应当出具保证金收据。本合同终止后，甲方根据实际使用情况于____日内，向乙方无息返还入住保证金。

2. 入住保证金的用途为补足月费用、医疗费、违约金、赔偿金及其他经乙方同意的甲方为乙方垫付的费用。

3. 乙方未按规定期限支付本合同第三条约定的费用超过____日的，经甲方书面催告仍不支付的，甲方有权将入住保证金的部分或全部直接抵付相应费用。入住保证金抵付后，乙方应在收到甲方付款通知后____日内，补足入住保证金。

第五条　甲方权利义务

1. 乙方出现机能进行性衰退、认知能力下降、精神异常导致行为不能自主，危及自身或他人安全的，经丙方同意(紧急情况除外)，甲方有权采取必要的安全保护措施。

2. 甲方向乙方提供符合有关国家、行业、地方标准和规范要求及本合同约定的服务。

3. 甲方的收费标准和调整应遵守本市养老机构服务收费管理的相关规定。

4. 甲方定期组织所在地的医疗卫生机构为乙方开展体检，建立包含乙方的入住登记表、体检报告、日常费用开支情况等信息在内的个人档案资料。

5. 乙方需外出就医的，甲方应及时告知丙方并由丙方携乙方就诊。紧急情况下，甲方可送急诊处置，由此产生的医疗费等相关费用由乙方承担。

6. 自乙方委托甲方管理其外出就诊所配药品并办理药品移交手续

之日起，甲方应按卫生行政部门的规定及相关医嘱，提供相应的服务与管理。

7. 如出现传染病相关疫情，甲方应根据疫情防控相关规定，做好院内疫情防控工作。

8. 乙方入住期间罹患传染病，或传染病疫情防控期间外出返院，甲方有权根据有关规定对乙方实施院内或院外隔离。

9. 甲方在入住保证金之外，一次性收取____个月基本服务费用作为预付款的，应向乙方出具风险提示函，书面告知可能存在的风险(原则上不超过6个月)。

10. 甲方暂停或终止经营，但合同尚未期满的，甲方应与乙方或丙方协商，对乙方进行安置。

第六条　乙方权利义务

1. 乙方有权查阅、复印甲方为其建立的个人档案资料，对自身的健康状况、费用支出等享有知情权。

2. 乙方享有人身、财产安全依法受保护的权利，乙方人格尊严应当受到尊重。

3. 乙方有优先续约权，可以在合同期满30日前提出续约。

4. 乙方应当向甲方如实告知健康状况、用药情况及过往病史，填写《首次入住健康状况说明》(详情见附件1)。

5. 如出现传染病相关疫情，乙方应配合甲方根据疫情防控相关规定采取的疫情防控措施。

6. 乙方入住期间罹患传染病、疫情防控期间外出返院，应配合甲方根据有关规定实施的院内或院外隔离。

7. 乙方应当配合甲方的正常服务和管理，遵守甲方制定的规章制度。

8. 乙方需按照本合同约定的费用、支付时间和支付方式向甲方支付费用。

第七条　丙方权利义务

1. 丙方有权探视乙方，有权对甲方的照护工作提出意见和建议，但不得影响甲方的正常服务和管理。

2. 如乙方不能履行告知义务，丙方应当向甲方如实告知乙方的健康状况、用药情况及过往病史，并且填写《首次入住健康状况说明》(附件1)。

3. 乙方支付本合同约定的费用，丙方承担连带责任。

4. 乙方违反本合同约定或甲方制定的规章制度，造成甲方损失或第三人人身、财产损害的，乙方向甲方或第三人承担赔偿责任，丙方承担连带责任。

5. 乙方如需外出就医，丙方应当及时携乙方到医院就诊，并且向甲方如实告知乙方的就医情况。

6. 乙方入住期间罹患传染病，或传染病疫情防控期间返院，丙方应配合甲方根据有关规定对乙方实施院内或院外隔离，同时具有知情权。

7. 对甲方反映的乙方事宜，丙方应当配合甲方共同处理。

第八条　合同的变更

1. 甲方在乙方入住期间对其身体状况进行持续评估。根据评估结果，需要调整乙方相应的照护等级、相关服务内容和费用的，经乙方确认，同意变更合同的有关内容，见《变更事项确认表》(1—3)(附件2)。

2. 乙方对评估结果有异议的，可自行向第三方评估机构申请复评，根据复评结果，仍需要调整乙方相应的照护等级、服务内容和费用的，经乙方确认，变更合同的有关内容，详情见《变更事项确认表》(1—3)(附件2)。

第九条　合同的解除

1. 有下列情形之一的，甲方可以书面通知乙方、丙方单方面解除本合同：

(1) 乙方逾期未补足入住保证金______日以上，经甲方书面催告，仍不补足的；

(2) 乙方出现精神障碍或患有必须隔离治疗的传染病，危及自身或他人人身、财产安全的；

(3) 乙方连续请假外出超过______日(30 日以上)；

(4) 乙方违反本合同第六条第 4 款、第 7 款或者丙方违反本合同第七条第 2 款之一的；

(5) 当事人不能就本合同第五条第 1 款或者当事人不能就本合同第八条第 2 款达成一致的；

(6) 乙方无法适应集体生活或出现其他乙方不适宜继续入住的情况。

2. 有下列情形之一的，乙方和丙方可以书面通知甲方解除本合同：

(1) 甲方未按合同约定提供相应服务的；

(2) 当事人不能就本合同第五条第 1 款或者当事人不能就本合同第八条第 2 款达成一致的；

(3) 乙方提前办理出院或死亡的；

(4) 乙方对甲方的服务不满意或出现其他乙方认为不适宜继续入住的情况。

第十条　违约责任

1. 甲方未按合同条款提供相应服务，并且给乙方造成不可挽回损失的，甲方应当予以赔偿。

2. 乙方入住保证金逾期支付的，每逾期一日应按逾期未付金额的____‰向甲方支付违约金。

3. 乙方或丙方未将乙方健康状况、用药情况及过往病史如实告知甲方，造成甲方在提供服务过程中护理失当的，由乙方或丙方承担相应的后果。

4. 乙方需外出就医的，丙方拒绝及时携乙方到医院就诊而造成的后果，由丙方承担。

5. 合同终止后，甲方逾期不返还入住保证金的，依法承担违约责任。

6. 其他违约责任：________________________________。

第十一条　其他约定

1. 外出约定：________________________________；

2. 委托发放外配药品约定：___________________；

3. 紧急联系人约定：__________________________；

4. 其他约定：________________________________。

第十二条　争议解决方式

如果在本合同履行过程中双方发生争议，当事人可以通过协商解决。若协商不成，当事人可以选择下列第____种方式：

1. 向____________________仲裁委员会申请仲裁。

2. 向人民法院提起诉讼。

第十三条　附则

1. 本合同如有未尽事宜，可以另行协商签订补充协议。本合同补充协议与本合同具有同等法律效力。

2. 本合同附件是本合同的重要组成部分，与合同正文具有同等法律效力。

3. 本合同自甲方盖章，乙方、丙方签名、盖章或按指印之日起即生效。本合同一式三份，甲方、乙方、丙方各执一份。

甲方(养老机构)：

名　称：

统一社会信用代码：

住所(址)：________________________

邮　编：

法定代表人：　　　　　　　联系电话：

盖　章：

乙方(入住老年人)：

姓名：　　　　　　　　性别：　　　　　　出生年月：

身份证号：

住所(址)：______________________

户籍所在地：　　　　　　　　　　　　　　邮编：

签名/盖章/按指印：

丙方(担保人)：

姓名：　　　　　　　　性别：　　　　　　出生年月：

与乙方关系：　　　　　　　　　　　联系电话：

身份证号：

住所(址)：________________________

户籍所在地：　　　　　　　　　　　　　　邮编：

签名/盖章/按指印：

签约日期：　　　年　　　月　　　日

本合同附件：

1.《首次入住健康状况说明》

2.《变更事项确认表》(1—3)

首次入住健康状况说明

乙方姓名		性别		出生年月			
入住部门		床号		照护等级		评估日期	
丙方姓名				与老人关系			

既往疾病说明

□ 慢性支气管炎	□ 肺气肿	□ 肺源性心脏病	□ 支气管哮喘、扩张
□ 气胸	□ 慢性心衰	□ 心律失常	□ 高血压
□ 冠心病	□ 心脏瓣膜病	□ 心肌病	□ 血栓闭塞性脉管炎
□ 肺结核	□ 消化道出血	□ 胃溃疡	□ 结肠炎
□ 胆囊炎	□ 胆结石	□ 肝炎	□ 肝硬化
□ 肾功能不全	□ 肾炎	□ 泌尿系统结石	□ 前列腺炎
□ 甲状腺病(甲亢、甲减、甲状腺炎、结节)		□ 糖尿病	□ 骨质疏松
□ 痛风	□ 关节炎	□ 红斑狼疮	□ 贫血
□ 脑出血	□ 脑梗	□ 帕金森氏综合征	□ 重症肌无力
□ 癫痫	□ 美尼尔氏综合征(梅尼埃病)		□ 认知障碍
□ 抑郁症	□ 焦虑症	□ 肿瘤	□ 白内障
□ 青光眼	□ 皮肤疾患		

以上共________项

其他疾病

现有疾病说明

□ 慢性支气管炎	□ 肺气肿	□ 肺源性心脏病	□ 支气管哮喘、扩张
□ 气胸	□ 慢性心衰	□ 心律失常	□ 高血压
□ 冠心病	□ 心脏瓣膜病	□ 心肌病	□ 血栓闭塞性脉管炎
□ 肺结核	□ 消化道出血	□ 胃溃疡	□ 结肠炎
□ 胆囊炎	□ 胆结石	□ 肝炎	□ 肝硬化
□ 肾功能不全	□ 肾炎	□ 泌尿系统结石	□ 前列腺炎
□ 甲状腺病(甲亢、甲减、甲状腺炎、结节)		□ 糖尿病	□ 骨质疏松
□ 痛风	□ 关节炎	□ 红斑狼疮	□ 贫血
□ 脑出血	□ 脑梗	□ 帕金森氏综合征	□ 重症肌无力
□ 癫痫	□ 美尼尔氏综合征(梅尼埃病)		□ 认知障碍
□ 抑郁症	□ 焦虑症	□ 肿瘤	□ 白内障
□ 青光眼	□ 皮肤疾患		

以上共________项

其他疾病

现服药情况

注：1. 乙方申请入住时，由乙方或丙方填写，说明乙方所患疾病情况。

2. 在“□ ”内用“√”表示确认乙方患有的疾病。

变更事项确认表(1)

<table>
<tr><td>姓名</td><td></td><td>性别</td><td></td><td>出生年月</td><td colspan="3"></td></tr>
<tr><td>入住区域</td><td></td><td>床号</td><td></td><td>照护等级
（首次评估）</td><td></td><td>评估日期</td><td></td></tr>
<tr><td>照护等级
（当前）</td><td colspan="3"></td><td>评估日期</td><td colspan="3"></td></tr>
<tr><td>变更事项</td><td colspan="3">变更后的状况</td><td colspan="4">变更后签章</td></tr>
<tr><td>照护等级
基本服务
费用
付费标准</td><td colspan="3">床位费：人民币________元/月
照料护理费：人民币____元/月</td><td colspan="4">甲方代表签章：
乙/丙方签章：
年　　月　　日</td></tr>
</table>

注：后续变更可另附表格。

变更事项确认表(2)

<table>
<tr><td>姓名</td><td></td><td>性别</td><td></td><td>出生年月</td><td colspan="3"></td></tr>
<tr><td>入住区域</td><td></td><td>床号</td><td></td><td>照护等级
（首次评估）</td><td></td><td>评估日期</td><td></td></tr>
<tr><td>照护等级
（当前）</td><td colspan="3"></td><td>评估日期</td><td colspan="3"></td></tr>
<tr><td>变更事项</td><td colspan="3">变更后的状况</td><td colspan="4">变更后签章</td></tr>
<tr><td>各类其他
服务</td><td colspan="3">个性化服务内容：
个性化服务收费：
代办服务内容：
代办服务收费：
其他服务内容：
其他服务收费：</td><td colspan="4">甲方代表签章：
乙/丙方签章：
年　　月　　日</td></tr>
</table>

注：后续变更可另附表格。

变更事项确认表(3)

<table>
<tr><td>姓名</td><td></td><td>性别</td><td></td><td>出生年月</td><td colspan="3"></td></tr>
<tr><td>入住区域</td><td></td><td>床号</td><td></td><td>照护等级
（首次评估）</td><td></td><td>评估日期</td><td></td></tr>
<tr><td>照护等级
（当前）</td><td colspan="3"></td><td>评估日期</td><td colspan="3"></td></tr>
<tr><td>变更事项</td><td colspan="4">变更后的状况</td><td colspan="3">变更后签章</td></tr>
<tr><td>外出
约定</td><td colspan="4">1. 丙方________（应填写同意或不同意）乙方自主决定外出。
2. 自主外出时的安全由乙/丙方自行承担。

注：外出时请带好个人信息卡。</td><td colspan="3">甲方代表签章：

乙/丙方签章：

年　月　日</td></tr>
<tr><td>委托发放
外配药品
约定</td><td colspan="4">丙方________（应填写委托或不委托）甲方按医嘱为乙方发放外配药品。</td><td colspan="3">甲方代表签章：

乙/丙方签章：

年　月　日</td></tr>
<tr><td>紧急联系
人约定</td><td colspan="4">丙方________（应填写同意或不同意）将紧急联系人变更为（应填写姓名）________，联系电话为：__________</td><td colspan="3">甲方代表签章：

乙/丙方签章：

年　月　日</td></tr>
</table>

注：后续变更可另附表格。

附件 1 委托发放医疗药品约定

附件 2 委托保管贵重物品约定

附件 3 老人外出请假登记表

附件 1 委托发放医疗药品约定

老人姓名		性别		年龄		护理等级	
生活区域		房号				床号	
委托事项	我委托院方： 经双方协商，为__________老人就医所配的药物按医嘱发放。 委托方：____________ 接受方：__________ 委托人与老人关系：__________ ________年________月________日						
备注	1. 委托发放的药物非老人就医所配不予接受发放。 2. 接受药物时，应核查老人就医病历并按医嘱发放。 3. 药物的交接必须有台账记录，手续完备。 4. 由药物的副作用及药物引起的一切反应造成的后果，责任由委托方负责。						

附件 2 委托保管贵重物品约定

老人姓名		性别		年龄		护理等级	
生活区域		房号				床号	
委托事项	我委托机构： 我/或________老人带入院内的贵重物品委托机构保管。 委托方 接收方 年 月 日						
备注	1. 贵重物品系存折、饰品、手表等。 2. 贵重物品交接和领取时须有三人在场且有详细的台账记录。 3. 委托物品以件数计不注明成分、重量等。委托方接收后即按规定封存。						

附件 3　老人外出请假登记表

<table>
<tr><td>姓名</td><td></td><td>性别</td><td></td><td>年龄</td><td></td><td>床号</td><td></td><td>年份</td><td></td></tr>
<tr><td>备注</td><td colspan="9"></td></tr>
<tr><td rowspan="2">月</td><td rowspan="2">日</td><td rowspan="2">外出时间</td><td rowspan="2">外出原因</td><td rowspan="2">有无陪同</td><td rowspan="2">回归时间</td><td rowspan="2">老人或家属签名</td><td colspan="2">机构员工签名</td></tr>
<tr><td>外出时</td><td>回归时</td></tr>
<tr><td></td><td></td><td></td><td></td><td></td><td></td><td></td><td></td><td></td></tr>
<tr><td></td><td></td><td></td><td></td><td></td><td></td><td></td><td></td><td></td></tr>
<tr><td></td><td></td><td></td><td></td><td></td><td></td><td></td><td></td><td></td></tr>
<tr><td></td><td></td><td></td><td></td><td></td><td></td><td></td><td></td><td></td></tr>
<tr><td></td><td></td><td></td><td></td><td></td><td></td><td></td><td></td><td></td></tr>
</table>

备注：1. 散步或锻炼；2. 走亲访友；3. 就医；4. 购物；5. 其他。

第六章　办理入住

老人入住当天，养老机构出入管理部门的相关负责人需要带老人及其监护人办理入住手续。

一、缴费

协助老人或其监护人到财务部缴纳入住费用。

二、建立个人档案

养老机构在完成信息采集工作后，应建立老人的个人档案。缴纳入住费用后，在老人入住评估结果的基础上为老人建立个人档案，包括入住档案和健康档案，内容包含老人的基本信息、身体健康状况、家庭状况、既往病史、现病史、体检结果、护理等级、养老服务需求等，并且做好存档工作。健康档案是养老机构工作人员为老人制订护理计划、开展护理服务的重要依据。

三、分派护理员

为老人安排责任护理员，完成老人的基本情况介绍、护理服务需求的交接工作。

养老机构要根据不同排班的情况，为老人介绍所有会涉及服务的护理员。同时，也要告知老人和家属本机构的排班情况和全部护理员的基本情况。

四、排班

养老机构工作人员排班是否合理不仅会影响他们的护理水平和质量，也会影响护理人员的工作热情和满意度。以下介绍几种常见的排班方式，仅供参考。

周排班法。此种排班以一周为周期的方法，一般是由护理部主任根据房间护理工作的实际情况进行安排。周排班的优点是护理人员的值班安排周期短，具有很强的灵活性，护理部主任可根据护理部实际需要对护理人员进行动态调整，做到使用护理人力合理化。

周期性排班法又称循环排班法。此种排班法一般以四个星期为一个排班周期，一次循环。其特点是排班模式相对固定，每位护理员可以很清晰地了解未来较长时间的班次情况，从而提前做好个人安排，在满足护理工作的同时兼顾护理员的个人时间规划。

由于周期性排班可以为护理员节省大量的排班时间，因此还具有排班省时省力的特点。这种排班方法适用于护理人员结构合理稳定、老人数量和护理程度变化不大的护理单元。

按需排班法。此种排班法可以根据老人实际服务密度和强度排班，这种排班方法既节省人力也减少因护理员不足产生的服务质量下降和安全风险。

排班时养老机构需注意交接人员时间的安排，交接班要有交叉服务时间，最好能有 1～2 小时的共同服务时间，既可以了解上一班老人的服务情况，又可以无缝衔接下一个班次。总的安排情况为一日三餐、早晚洗漱时，护理人员相对密度要高一点，夜间可以低一点。但如果是以提供认知障碍为主要服务的机构，要加强夜间护理人员的排班，以防止患有认知障碍老人的落日综合征等造成的夜间护理问题。

在养老机构运营过程中，事实上没有哪一种排班方式能满足所有护理员的需要，护理员只有尽快适应工作环境，调整生物钟以适应各种排次，才能提高工作质量。排班常受许多因素的影响，需要养老机构管理者正确地评估，在合乎成本要求的原则下提高服务品质，同时也能增加护理员对工作的满意度。

第七章　入住适应

生活环境的改变会给老人带来适应问题。养老机构为了帮助新入住老人尽快地熟悉和适应机构生活，根据老人在入住适应期的状态，判断老人是否能够习惯机构的生活，继续入住该养老机构。老人入住适应时间通常以 30 天为界，特殊情况可申请延长。

一、入住导向计划

老人办完入住手续后，责任护理员会按照养老机构的入住导向计划（如表 7.1 所示），帮助老人尽快适应机构生活。

表 7.1　入住导向计划

执行计划	事　　项	执行日期	负责人员签署（注明职位）
入住首天	1. 介绍养老机构的相关政策及规则		
	2. 详细介绍老人的权利及义务		
	3. 介绍及认识已入住老人（尤其同房、附近房间等的老人）		
	4. 介绍养老机构的布局（餐厅、活动室、康复室、老人自己的房间、浴室、洗手间、办公区域等），以及设施（呼叫系统、床位灯等）		
入住一周	5. 介绍日常时间表		
	6. 介绍、辨别不同职级的员工及其工作职责		
入住二周	7. 介绍养老机构附近的环境		
入住三周	8. 介绍/安排参加合适的活动，增加认识已入住老人的机会		

二、提供服务

在帮助老人熟悉养老机构的同时，各业务部门应按照老人入住的适应时间来安排，为老人提供全方位的照护服务如表 7.2 所示。

表 7.2　入住适应时间安排

	时间段	适　应　内　容
入住适应时间	24 小时内	对老人进行初步评估及记录，及时照顾他们的需要（例如，饮食、护理、药物等方面），以及注意防范危险因素（如是否有过敏、吞咽困难、摔倒等危险）
	7 日内	完成新入住老人的 7 日跟进记录表和 7 日后评估，以及初步护理计划
	1 个月内	完成入住老人生活适应性调查问卷，入住评估量表及制订个人照顾计划

附件 1　新入住老人 24 小时内初步评估表

附件 2　标准吞咽评估表

附件 3　跌倒风险评估表及预防跌倒计划

附件 4　老人入住 7 天后评估及初步护理计划

附件 5　新入住老人生活适应调查问卷

附件 1　新入住老人 24 小时内初步评估表

老人姓名		性别		年龄	
生活区域		房号		床号	
护理等级			入住日期		
老人照顾注意事项（如饮食、护理、药物）					
老人存在的潜在危险因素（如敏感、吞咽困难、摔倒危险）					
初步的生活照料计划					
初步的健康服务计划					

个案评估员签名：　　　　　　完成日期：　　年　　月　　日

机构评估组负责人签名：　　　　日　　期：　　年　　月　　日

附件 2　标准吞咽评估表

床号：　姓名：　性别：　年龄：　评估日期：　分值：　分

第一步：初步评价（分值＞8）认为未通过吞咽功能评估，为误吸风险高危者；（分值＝8）进行第二步			
意识水平（意识清醒＝1，嗜睡但能唤醒＝2，有反应但无睁眼和言语＝3，对疼痛有反应＝4）			
头部与躯干的控制（正常坐稳＝1，不能坐稳＝2，只能控制头部＝3，头部也不能控制＝4）			
呼吸模式（正常＝1，异常＝2）			
唇的闭合（正常＝1，异常＝2）			
软腭运动（对称＝1，不对称＝2，减弱或缺乏＝3）			
喉功能（发[a]，[i]音）（正常＝1，减弱＝2，缺乏＝3）			
咽反射（存在＝1，缺乏＝2）			
自主咳嗽（正常＝1，减弱＝2，缺乏＝3）			
第二步：（分值＞6）为误吸风险中危者；下面 3 次吞咽中有 2 次正常或 3 次完全正常，（分值＝6）进行第三步			
直立坐位下饮 1 汤匙水（5 毫升），重复三次	第一次	第二次	第三次
口角水流出（无或一次＝1，大于一次＝2）			
有喉运动（有＝1，无＝2）			
重复吞咽（无或一次＝1，一次以上＝2）			
咳嗽（无或一次＝1，一次以上＝2）			
吞咽时喘鸣（无＝1，有＝2）			
吞咽后喉的功能（正常＝1，声音减弱或喑哑＝2，不能发音＝3）			
第三步：注意下面 4 项症状之一异常，即终止检查，（分值＞4）存在吞咽困难			
饮一杯约 60 毫升的水	第一次	第二次	第三次
是否能全部饮完（能＝1，否＝2）　饮完需要的时间____秒			

续　表

吞咽中或后出现咳嗽症状(无=1,有=2)			
吞咽时或后出现喘鸣(无=1,有=2)			
吞咽后喉功能(正常=1,声音减弱或者嘶哑=2,不能正常发音=3)			

附件 3　跌到风险评估表及预防跌倒计划

床号：　　姓名：　　　　性别：　　年龄：　　评估日期：

项　目	特　　征	评分							
A. 年龄	70 岁以上	2							
B. 既往病史	曾发生过跌倒、滚落等事故	2							
	曾有过昏迷症状	2							
C. 五官	曾有过视觉障碍或听觉障碍	1							
D. 机能障碍	① 有瘫痪或麻痹症状 ② 骨骼或关节存在异常(挛缩、变形)	1 符合任意一项							
E. 活动领域	① 腰腿部肌肉衰弱 ② 使用轮椅、拐杖、助行器等 ③ 移动需要协助 ④ 步行不稳 ⑤ 卧床不起	3 符合任意一项							
F. 认知能力	① 辨识障碍、意识混沌、混乱等 ② 认知症 ③ 判断能力、理解能力下降 ④ 有烦躁不安的举动 ⑤ 记忆能力衰弱,丧失学习能力	4 符合任意一项							

续　表

项　目	特　　征	评分							
G. 用药	① 镇痛/麻醉　② 镇静安眠 ③ 扩血管药　④ 抗高血压 ⑤ 利尿剂　⑥ 轻泻剂 ⑦ 降血糖　⑧ 化疗药 ⑨ 抗帕金森化综合征 ⑩ 抗癫痫/抗痉挛　⑪ 抗忧郁/抗精神病/抗焦虑 ⑫ 肌肉松弛剂	1 每项							
H. 排泄	① 尿便失禁行为 ② 尿频 ③ 需如厕协助 ④ 留置尿管 ⑤ 夜间如厕 ⑥ 离卫生间远	2 每项							
总分									
风险度									
评估者签名									

风险度Ⅰ(0～5 分)存在跌倒的可能性；
风险度Ⅱ(6～15 分)容易跌倒；
风险度Ⅲ(16 分以上)经常跌倒。

预防跌倒计划

姓名　　　性别　　年龄　（岁）　床号

□ 风险度Ⅰ(0～5 分)存在跌倒的可能性	□ 风险度Ⅱ(6～15 分)容易跌倒	□ 风险度Ⅲ(16 分以上)经常跌倒
【观察项目】 □ 了解老人能够在何种程度内进行怎样的活动 □ 确认排泄情况(方法、时间、频率等) □ 确认镇痛剂、安定剂等药品的服用情况	【观察项目】 □ 确认风险度Ⅰ中的各项内容 □ 把握潜在风险 · 无法正确认知身体疾病，存在过激反应 · 因住院导致失智症的恶化	【观察项目】 □ 确认风险度Ⅰ·Ⅱ中的各项内容

续　表

□ 风险度Ⅰ(0～5 分) 存在跌倒的可能性	□ 风险度Ⅱ(6～15 分) 容易跌倒	□ 风险度Ⅲ(16 分以上) 经常跌倒
	· 因感知平衡能力的失调或身体瘫痪等原因,导致站立时难以保持身体的平衡 · 腰腿部的肌肉衰弱 · 无法按压呼叫机	
【环境整顿】 □ 结合老人的个人状况,将床调整至合适的高度 □ 床边无障碍物 □ 备齐日常生活所需物品 □ 呼叫机放置易拉、位置合适 □ 及时备好、稳妥安放移动式坐便器 □ 保持地面干燥,浴室灯光明亮	【环境整顿】 □ 落实风险度Ⅰ中的各项内容 □ 结合老人的个人状况,调整床的布局	【环境整顿】 □ 落实风险度Ⅲ中的各项内容 □ 将房间安排在离护理站近的地方,便于照护人员随时观察的房间
【指导与援助】 □ 根据排泄情况提供相应的援助 □ 指导老人选择合适的衣物 □ 下床前悬摆双脚 2 分钟、穿防滑鞋 □ 指导老人白天离床活动,养成良好的作息习惯	【指导与援助】 □ 落实风险度Ⅰ项中的各项内容 □ 结合老人的个人状况,在步行时守护一旁确保其安全	【指导与援助】 □ 落实风险度Ⅲ项中的各项内容 □ 重视安全,严防跌倒与坠床

注:本机构通过对老人身体状况的专业评估,得出老人存在上述情况,我们需要家属和老人的全力配合,通过实施各种保护措施,希望能在最大程度上避免老人发生以上事故。

谢谢您的理解和配合!

个案评估员签名:____________　　完成日期:____________

机构评估组负责人签名:____________　　日　　期:____________

家属意见:____________　　家属签名:____________

附件 4　老人入住 7 天后评估及初步护理计划

<table>
<tr><td>姓名</td><td></td><td>性别</td><td></td><td>年龄</td><td></td><td>入住日期</td><td></td></tr>
<tr><td>生活区域</td><td colspan="2"></td><td>房号</td><td colspan="2"></td><td>床号</td><td></td></tr>
<tr><td rowspan="5">综合评估</td><td>自我照料能力</td><td colspan="6">评估人：　　　　日期：</td></tr>
<tr><td>定向识别能力</td><td colspan="6">评估人：　　　　日期：</td></tr>
<tr><td>抑郁/焦虑情绪</td><td colspan="6">评估人：　　　　日期：</td></tr>
<tr><td>激惹行为</td><td colspan="6">评估人：　　　　日期：</td></tr>
<tr><td>退缩行为</td><td colspan="6">评估人：　　　　日期：</td></tr>
<tr><td>老人特殊需求</td><td colspan="7">记录人：　　　　日期：</td></tr>
<tr><td rowspan="3">初步个案护理计划</td><td>日常生活护理计划</td><td colspan="6"></td></tr>
<tr><td>认知能力护理计划</td><td colspan="6"></td></tr>
<tr><td>健康服务计划</td><td colspan="6"></td></tr>
</table>

个案评估员签名：____________　　　　完成日期：____________

机构评估小组负责人签名：____________日　　期：____________

附件5　新入住老人生活适应调查问卷

姓名		年龄		性别	
生活区域		房号		床号	
护理等级		入住日期		导向期	至

内　容	工作人员是否介绍		认识	一般	不认识
	是	否			
1. 认识养老机构情况					
① 养老机构每日起居流程及作息时间					
② 对养老机构有关规定的了解程度					
③ 了解养老机构的服务、常规活动					
④ 熟悉养老机构内的环境，包括：					
厨房位置					
餐厅位置					
活动室位置及注意事项					
房内设施使用规范					
运动室设施及使用规范					
养老机构电话号码					
2. 认识养老机构的老人					
① 认识同房间的老人					
② 认识并熟悉同桌吃饭的老人					
③ 认识并熟悉附近房间的老人					

续　表

3. 认识工作人员					
① 老人生活区的护理员					
② 社会工作者					
③ 医疗护理中心主任					
④ 护士、医生、康复师					
⑤ 院长、副院长					
⑥ 其他：厨师、司机、文员等					
4. 认识社区设施的功能位置					
① 银行					
② 街镇人民政府					
③ 邮局					
④ 菜市场					
⑤ 超市					
⑥ 饭店					
⑦ 附近商店					
5. 老人对在养老机构生活的意见：					
6. 老人的整体适应情况：（由工作员填写）					
7. 跟进：					

个案评估员签名：　　　　　　　　　完成日期：
院评估组负责人签名：　　　　　　　日　　期：

注：请以"√"表示评估结果。
本表格在完成入住适应计划表之后完成。

第八章　制订个案照护计划

一、个案照护计划制订流程

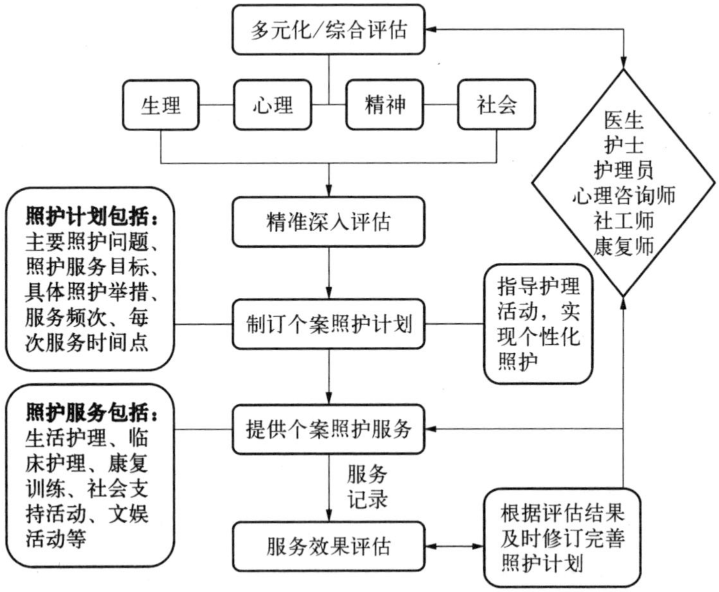

图 8.1　个案照护计划流程图

二、个案照护计划的内容

养老机构各业务部门负责人召开会议，根据服务需求评估的结果，共同为老人制订详细的个案照护计划，具体包括：日常生活护理计划、认知能力护理计划、健康状况护理计划、个案工作计划等。待个案照护计划制订后，需要向家属详细解释，并且得到老人或其监护人的确认。

个案照护计划的内容包括老人需要照护的主要问题、采取的具体服务措施、服务的时间频次、预期的服务目标等。

本书主要关注老人入住过程中的服务和流程问题，个案照护部分将由本套丛书中的《养老机构员工手册》详细展开，此处为大家初步展示部分表单信息，便于大家了解和参考。

附件 1　日常生活护理计划

附件 2　认知能力护理计划

附件 3　健康状况护理计划

附件 4　个案工作计划（跟进目标及方法）

附件 5　个案照护计划案例

附件1　日常生活护理计划

项目	内　容	服务要求
进食	1. 进食正常餐，如饭 2. 进食特别餐，如粥等 3. 留意老人胃口变化及记录其进食的情况 4. 鼻饲管进食 5. 协助进食 6. 其他	1. 进食前先让老人喝一定量的汤 2. 劝导自主进食，尽量进行充分咀嚼 3. 根据老人的喜好安排食品 4. 根据老人身体的实际情况制订相应的营养食谱 5. 养成集体进食的好习惯 6. 将食物形态调整成符合老人饮食习惯的类型 7. 食物摄入量的监护 8. 记录老人餐饮的状况
卫生	1. 协助洗脸、洗脚、梳头、刷牙 2. 协助洗澡，每周至少1次 3. 协助洗头，每周至少1次 4. 协助剃须(男)，每周至少1次 5. 协助剪手指甲、脚趾甲，每二周至少1次 6. 每天协助假牙护理及清洁 7. 其他	1. 劝导老人独立洗脸、梳理头发 2. 每天两餐以上的餐饮后必须自觉独立完成口腔护理 3. 争取每天淋浴，水温控制在38～40℃，沐浴时间不宜过长 4. 浴后适量饮水，补充水分
皮肤	1. 观察老人皮肤的情况，尤其受压部位的水肿情况 2. 护理伤口，清洗伤口 3. 其他	1. 室内湿度需维持在60%以上，室温维持在24～25℃之间 2. 时刻保持皮肤的舒适和干爽 3. 护理时动作要轻柔、小心 4. 卧床老人每2小时翻身一次
穿衣	1. 协助穿衣 2. 协助穿鞋袜 3. 其他	1. 每天的衣着应尽量符合生活和外出的需要 2. 实施监护和部分介入帮助
排泄	1. 记录大小便次数及数量 2. 协助老人使用便盆、便壶、坐便椅 3. 使用纸尿片，记录日间还是夜间使用 4. 如厕训练，失禁护理 5. 使用自留导尿管 6. 使用肛袋 7. 其他	1. 养成老人便意、尿意的提示习惯 2. 让老人尽量自己完成坐便椅的转乘 3. 进行排泄介入和护理记录

续 表

项目	内 容	服务要求
移动	1. 协助行走 2. 使用轮椅、助行器、手杖行走 3. 协助完成床、椅子、轮椅间的转移 4. 协助或被动完成体位的变化，每小时一次 5. 其他	1. 尽量自主实现 2. 在确认安全的前提下最大限度地挖掘老人的既有能力 3. 实施监护、部分介入帮助 4. 步行器的使用，长距离移动实施监护

附件2 认知能力护理计划

项目	内 容	服务要求
记忆	1. 老人的标识认知训练 2. 个人用品放置规范训练 3. 建立书面备忘录 4. 其他	
视觉	1. 环境认知训练 2. 室内障碍物清除训练 3. 床单等物品需摆放至固定的位置 4. 其他	
听觉	1. 需在耳边大声说话 2. 需面对面看着口唇说话 3. 需用手势协助说话 4. 以书写代替说话 5. 其他	
理解	1. 选择简单易懂，直截了当的语言表达 2. 一次只表达一个意思 3. 如老人不懂首次沟通的意思，需改变措辞再次表达 4. 用手势和身体语言辅助表达 5. 其他	
表达	1.（语言含糊）需重复其可能表达的意思，直至得到确认 2. 如不能用语言表达，则需根据实际状况推测了解其意思，直至确认 3. 如不能正确表达，则由工作人员根据状况帮忙判断其需求 4. 其他	

续 表

项目	内　　容	服务要求
躯体活动	1. 使用床护栏 2. 使用约束带 3. 使用防护手套 4. 限制活动区域 5. 行为监护 6. 其他	

附件 3　健康状况护理计划

项目	护　理　计　划	服务要求
生命体征	1. 测量血压,每月/周/日________次 2. 测量脉搏/心跳,每月/周/日________次 3. 测量体温,每周/日________次及有需要时 4. 观察呼吸及缺氧情况,每日________次及有需要时 5. 其他	
指标观察	1. 检测尿酸,每月/周/日________次 2. 检测血糖,每月/周/日________次 3. 测量体重,每月/周/日________次 4. 其他	
委托发药	1. 服药自理 2. 监视服药 3. 协助服药 4. 喂药 5. 其他	

个案评估员签名:________　完成日期:____________

附件 4　个案工作计划(跟进目标及方法)

基本资料	

续　表

背景资料	
分析服务模式	
工作目标	
服务过程与计划	
成效评估	

个案评估员签名：________　　　　　完成日期：________
院评估小组负责人签名：________　　日　　期：________
家属意见：____
家属签名：________

附件5　个案照护计划案例

姓名：包××　　　　性别：女　　　年龄：81岁

照护级别：二级　　　楼层-房间-床号：3－07－21

入住日期：2022年10月18日　　　时间：10:30分

照护计划：

1. 个人清洁卫生照护

(1) 清洁平整床铺，协助整理个人物品；

(2) 必要时每日协助其进行晨/晚间护理：洗脸、洗手、泡脚、清洗会阴、梳头、刷牙、义齿护理、准备寝具；

(3) 协助洗澡，每周一次；

(4) 每周协助剪指(趾)甲一次。

2. 饮食照护

接送就餐。

3. 衣物、床品清洗

床单、被罩、枕套每2周送洗一次，外套衣物机洗每周送洗一次，内衣裤手洗每天一次。

4. 睡眠照护

睡眠护理，改善睡眠情况。

5. 生理指标监测

每周一次健康检查，测量生命体征、血压、身高、体重、血糖，并且做记录。

6. 活动照护

(1) 陪伴行走、位置转移；

(2) 每日提供一次活动。

7. 护理巡查

观察意识、认知、情绪行为、营养摄入、肢体活动、睡眠等情况。

8. 服药管理

提醒用药，确保老人正确服药，观察其用药反应。

9. 风险防范

(1) 防范跌倒、坠床风险，提供陪护、照护措施；

(2) 严格执行感染预防措施，对公共区域、老人房间、物品、活动用具等进行消毒。

10. 一般康复护理

(1) 促进老人日常生活能力训练；

(2) 每周一次 ST 教室互动；

(3) 每月 2 次手法治疗(15 分钟)；

(4) 每周 3 次脑循环保健。

11. 定期保洁服务

(1) 每日居室垃圾收纳服务；

(2) 每月 2 次衣柜整理；

(3) 每年提供 2 次外窗玻璃清洗；

(4) 每年春节前对居室进行 1 次全面保洁，包括高空、死角、窗帘等；

(5) 每季度清洗 1 次室内空调滤网。

12. 慢病管理

提供常见的老年慢性病健康管理方案。

13. 健康指导

提供常见的老年慢性病相关知识的指导。

14. 文化娱乐设施

提供棋牌室、教室、书画室、图书阅览室、电脑室、家庭影院、卡拉 OK 室等场所。

15. 课程及活动服务

提供文化艺术、休闲娱乐、运动健身、技能提升四大类课程及活动。

16. 心理支持服务

照护人员为老人提供心理支持，缓解老人压力及进行心理安抚。

17. 体检

签约且入住满一年的老人，公寓提供每年1次的综合项目体检。

18. 医生上门巡诊

每两周1次，公寓医生上门进行查体、问诊、治疗建议等，并且记录老人的健康状况，有异常时随时上门。

19. 就医服务

(1) 24小时紧急医疗救助服务；

(2) 在公寓取得内设医疗机构前，每月免费为老人提供2次到上海市第八人民医院代取药的服务。

20. 生活管家及前台服务

(1) 老人日常生活的协助和支持，包括入住、报修、咨询、代寄/代收快递(邮费自付)、雨具和轮椅的临时应急使用、访客登记、预订场地、代叫出租、老人意见与建议征集、代充值、天气预报服务、留言服务、老人外出时给植物代浇水、预订机票和火车票等；

(2) 提供每周1次的采买服务。

第九章　实施个案照护计划

一、提供个案照护服务

个案照护计划制订后，需由养老机构业务部门负责人严格按照个案照护计划为老人实施专业服务，并且由老人或其监护人签字确认。养老机构提供服务后，应固定服务人员。

二、填写服务记录

服务记录和监督服务人员每次需如实提供服务的内容、时间、服务人员的服务态度，切实保障服务质量。老人每次接受服务后，服务人员应如实填写服务记录，并且由老人或其监护人签字确认服务内容、服务时间等相关信息，并且及时录入信息系统。

（一）护理服务记录

养老机构护理员为老人提供日常生活护理的服务，其中包括饮食起居、排泄照料、睡眠监管、卫生清洁等，这些是养老机构最为核心的服务内容。每次服务结束后护理员应及时准确地填写《护理服务确认报告》(见表9.1),并且由老人或其监护人签字确认。

表9.1　护理服务确认报告

编号：

<table>
<tr><td>姓名</td><td></td><td>性别</td><td></td><td>年龄</td><td></td></tr>
<tr><td>生活区域</td><td></td><td>房号</td><td></td><td>床号</td><td></td></tr>
<tr><td>护理等级</td><td></td><td>记录人</td><td></td><td>记录日期</td><td></td></tr>
<tr><td rowspan="15">服务内容</td><td rowspan="15">基本
生活
照料</td><td>环境卫生</td><td colspan="2">整理、更换床单等</td><td></td></tr>
<tr><td rowspan="13">日常
生活
护理</td><td colspan="2">头面部清洁、梳理</td><td></td></tr>
<tr><td colspan="2">头发清洁</td><td></td></tr>
<tr><td colspan="2">手部、足部清洁</td><td></td></tr>
<tr><td colspan="2">指/趾甲护理</td><td></td></tr>
<tr><td colspan="2">温水擦浴</td><td></td></tr>
<tr><td colspan="2">沐浴护理</td><td></td></tr>
<tr><td colspan="2">口腔清洁</td><td></td></tr>
<tr><td colspan="2">协助更衣</td><td></td></tr>
<tr><td colspan="2">会阴清洁</td><td></td></tr>
<tr><td colspan="2">晨间护理</td><td></td></tr>
<tr><td colspan="2">晚间护理</td><td></td></tr>
<tr><td colspan="2">药物管理</td><td></td></tr>
<tr><td colspan="2">生理自理能力训练</td><td></td></tr>
<tr><td>饮食照料</td><td colspan="2">协助进食、进水</td><td></td></tr>
</table>

续　表

服务内容	基本生活照料	排泄护理	协助排泄	
			失禁护理	
			床上使用便器	
			人工取便	
			协助翻身、叩背、排痰	
			留置尿管的护理	
			人工肛门便袋护理	
		压疮预防与护理	压疮预防与护理	
			皮肤外用药涂擦	
		移动安全保护	协助床上移动	
			借助器具移动	
			安全护理	
服务时间			按计划	
			未按计划，实际服务时间	
服务态度			很好	
			好	
			中	
			一般	
			差	
服务质量			很好	
			好	
			中	
			一般	
			差	

护理员签字：　　　　　　　　　　确认人签字：
时　间：　　年　　月　　日　　　时　间：　　年　　月　　日

（二）医疗服务记录

(1) 由医生负责入住老人的健康监护及日常医疗保健工作，每日按时完成查房和巡视工作，填写相关记录，如《高血压、糖尿病预防监测登记》《血压观测表》《体温监测表》，对患病老人严格监视病情变化，填写《病程记录表》。

(2) 护士主要负责责任区域的巡视与服务工作，协助医生做好患病老人的治疗与服务工作，完成常规的临床护理服务。护士在服务期间需按时填写《输液记录单》《消毒液更换记录》《老人家属送药记录》《预防褥疮卧位处理检查表》等专业医护服务记录的表格。

(3) 定期组织老人体检

在养老机构提供个案照护服务期内，医务人员还要定期组织老人参加体检，深入了解老人的身体健康状况，以便及时采取应对措施，预防各种疾病的发生，每年至少 1 次，体检报告应放入老人的健康档案中。

附件 1　老人健康管理表

附件 2　老人家属送药记录

附件 3　预防褥疮卧位处理检查表

附件 4　输液记录单

附件 5　消毒液更换记录

附件 6　老人年度体检调查表

附件 7　老人年度体检登记单

附件 1　老人健康管理表

编号：

姓名：________　年龄(岁)________　性别________　房间-床号________

日期	时间	体温(℃)	脉搏(次/分)	血压(mmHg)	意识	体重(kg)	备注

续　表

日期	时间	体温（℃）	脉搏（次/分）	血压（mmHg）	意识	体重（kg）	备注

记录备注：1. 记录测量时间为 24 小时制；

2. 意识记录方法：① 清醒；② 嗜睡；③ 模糊；④ 昏睡；⑤ 昏迷。

附件 2　老人家属送药记录

日期	姓名	药物名称	接待护士签名	家属签名

附件 3　预防褥疮卧位处理检查表

日期	姓名	时间	卧位	皮　肤				处理	护士签名
				红	肿	水泡	破溃		

附件 4　输液记录单

日期	房号	姓名	药液名称	滴速	局部情况	时间	护士签名

附件 5　消毒液更换记录

日期	消毒物品分类									其他	消毒者签名	备注
	体温表	体温表盛器	治疗盘	氧气湿化瓶	血压计	注射器(一次性)	输液器(一次性)	吸引器	引流瓶			

注：1. 体温表 1∶500(PPM 液)浸泡第一道 5 分钟，第二道 30 分钟；

2. 血压计 1∶1 000(PPM 液)揩擦；

3. 吸引器、引流瓶、一次性注射器、输液器、氧气湿化瓶、治疗盘、体温表盛器 1∶1 000(PPM 液)浸泡 30 分钟。

附件 6　老人年度体检调查表

机构名称：　　　　　　　　　　　　　　　　　　　　　　日期：

床号	姓名	医疗方式		血常规	肝功能	肾功能	血脂	血糖	胸透	B超	备注
		医保	自费								

注：具体体检项目以各养老机构为准，以上项目仅供参考。

附件 7　老人年度体检登记单

编号	日期	姓名	性别	年龄	体检结论	备注

（三）膳食营养服务记录

营养师负责老人膳食营养的搭配。对有特殊需求的老人，如患病的老人，要配合其他部门为老人制订科学合理的营养膳食计划，以充分保证老人身体所需的营养。每次服务时，营养师应及时填写《膳食营养单》（如表9.2所示）。

表9.2　膳食营养单

编号：

老人姓名		性别		年龄	
生活区域		房号		日期	
护理等级					
疾病					
特殊饮食原因					
特殊饮食时间段					
特殊饮食需求（老人、家属、护理员、医生、康复师等）					
备注					

营养师签字：　　　　　　日期：　　年　　月　　日
餐饮负责人签字：　　　　日期：　　年　　月　　日

（四）康复服务记录

康复师根据老人的身体健康状况，为老人制订专业化的康复训练计划，按照康复计划的要求，帮助老人进行康复训练。训练结束后，康复师需准确填写《康复活动记录》（如表 9.3 所示），及时记录老人每次康复训练时和训练后的表现。

表 9.3　康复活动记录

项目	服务内容						
人工手法	脑力兴趣教育活动						
	拔罐						
	刮痧						
	推拿						
	PT 训练						
小型仪器	干扰波						
	电磁波						
	低频						
	中频						
	脑电仿生刺激仪						
大型仪器	肩关节康复训练器						
	空气压力波治疗仪						
	电动起立床						
耗材热疗	科技艾灸						
	元气木箱						
	熏蒸治疗						
	中药泥灸						

续　表

项目	服务内容							
康复运动辅具	多功能平行杠							
	训练扶梯							
	功率自行车							
	康复跑台							
其他								
康复师签名								

（五）心理健康服务记录

老人容易出现孤独、抑郁等心理或精神问题，心理咨询师应实时关注老人的心理健康状况，服务结束后心理咨询师要及时填写《心理咨询记录》（如表 9.4 所示），记录老人的心理健康变化。

表 9.4　心理咨询记录

时间		地点	
求助者		咨询师	
主要问题			
咨询记录			
咨询效果			
备注			

心理咨询师签字：　　　　　　　　　　　　日期：　　年　　月　　日

（六）社工服务记录

为进一步丰富老人的精神文化生活，增加老人的社会支持，社工师应定期组织老人参加适合其需求的社工活动，并且在活动结束后填写《社工服务记录》（如表 9.5 所示）。

表 9.5　社工服务记录

<table>
<tr><td>活动时间</td><td colspan="2"></td><td colspan="2">活动地点</td><td></td></tr>
<tr><td>组织人</td><td></td><td>主持人</td><td></td><td>记录员</td><td></td></tr>
<tr><td>参与人员</td><td colspan="5"></td></tr>
<tr><td>缺席人员</td><td colspan="5"></td></tr>
<tr><td>活动目标</td><td colspan="5"></td></tr>
<tr><td>活动内容</td><td colspan="5"></td></tr>
<tr><td>活动小结</td><td colspan="5"></td></tr>
<tr><td>督导意见</td><td colspan="5"></td></tr>
<tr><td>备注</td><td colspan="5"></td></tr>
</table>

社工师签字：　　　　　　　　　　　　　　　日期：　　年　　月　　日

三、回访

养老机构需定期安排工作经验丰富的业务人员或管理人员回访老人或其监护人，了解服务人员的服务态度、服务质量等，并且录入信息系统。

根据回访的结果，对服务人员进行考核，对考核不合格的服务人员依规进行专业教育和培训，培养服务人员的服务意识，端正服务人员的服务态度，提高服务人员的专业服务水平。经教育和培训后，仍不合格的，则考虑更换服务人员。

附件 1　服务满意度评价表

附件 2　访护评价报告

附件 1　服务满意度评价表

亲爱的老人：您好！

为了解本机构工作人员所提供的照护、护理服务是否符合您的需求，现拟定一份问卷，诚恳地请您勾选下列各题的满意度，以此作为未来改善照护服务方法的参考。敬请您仔细填写此问卷，此问卷调查的情况绝对保密。期盼您的协助，谢谢！

日期　　年　　月　　日

××××机构全体工作人员　敬上

床号　　　　　　姓名	满意 5	较满意 4	尚可 3	较不满意 2	不满意 1
1. 您入住时，照护人员为您介绍了照护员、环境、入住须知、财产保管等情况吗？					
2. 您入住时，照护人员为您说明了各项安全注意事项（如床栏、推车、轮椅、扶拐等，防烫伤、跌倒、坠床、走失等）吗？					
3. 您入住时，照护员为您介绍了房间内照明、呼叫机、电动床的使用、各类物品定点放置的情况吗？					

续　表

床号　　　　　姓名	满意 5	较满意 4	尚可 3	较不满意 2	不满意 1
4. 照护员是否经常对您保持亲切的态度，您有事呼叫能叫之即来吗？					
5. 照护员为您进行照护操作时，注意为您保暖及保护隐私吗？					
6. 您对照护员的晨间照护流程及夜间照护服务满意吗？					
7. 照护员的照护服务及技术水平您满意吗[如喂食、洗澡、擦身、修剪指(趾)甲、如厕、移动等]？					
8. 您对勤换衣被等感到满意吗？					
9. 房间内您的物品是否放置有序，洗漱用具、床单卫生间等是否整洁？					
10. 照护人员除晨间交班外，能经常进入您的房间，及时解决需求吗？					
11. 照护人员有没有指导您或您的家人有关健康与疾病的知识(如翻身、深呼吸、皮肤照顾、用药注意事项等)？					
12. 您对提供的膳食的口味、软硬、温度是否满意？					
13. 您对所在房间及照护之家的环境整洁、安静、安全满意吗？					
14. 您对组织的休闲活动及提供的康乐娱乐满意吗？					
15. 大致上，您对照护服务的满意度是？					

您最满意的照护员是：________________

您入住期间感到最满意的是：________________

您入住期间感到最不满意的是：________________原因是：________________

附件 2　访护评价报告

编码：　　　　　　　　　　　　　　　　　日期：　　年　　月　　日

养老机构名称：

访护人员信息		服务人员信息			评分项目和计分					整改意见	访护日期
姓名	ID	职务	姓名	ID	服务项目（20 分）	服务时间（20 分）	服务态度（30 分）	服务质量（30 分）	总分（100 分）		

服务项目：以是否按计划完成计分，未完成一项扣 5 分，扣完为止；
服务时间：以是否按时完成计分，每减少 5 分钟扣 5 分，扣完为止；
服务态度：以很好、好、中、一般、差五档计分，很好为 30 分，每档 5 分；
服务质量：以很好、好、中、一般、差五档计分，很好为 30 分，每档 5 分。

第十章　服务与变更

一、状态评估

状态评估是指在评估结果有效期内，在服务过程中，当老人的身体状况和生活自理能力发生明显变化时进行的精准评估。

当老人的身体健康状况发生明显的变化时，原有的服务标准可能不再适合老人，此时需要对老人的健康状态、护理等级进行重新评估，根据此评估结果，对老人的个案服务计划进行及时调整。

状态评估过程可参照首次评估的评估指标和流程进行。

二、变更服务计划

根据状态评估结果，若老人身体健康状况、护理等级或护理服务需求发生变化，参照首次制订的个案照护计划流程重新制订个案照护计划。

三、提供服务

重新调整服务计划，得到老人或其监护人确认后，养老机构应安排服务人员提供照护服务。

第十一章 出 院

一、期末评估

评估结果的有效期是有时间限制的，评估的目的是判断经过养老机构的专业服务后，当前老人的身体健康状况和服务需求所发生的变化，为新的服务方案制订提供参考，是老人是否仍适合居住在养老机构的重要评判标准。评估方法参考首次评估。

出院评估，是对申请人的一个全面评估，包括风险评估和身体健康状况评估两个方面，为了便于家属了解老人出院时的身体状况，为老人居家提供更好的和更有针对性的照顾。

二、出院原因

老人出院有以下原因：

1. 协议到期，老人或其监护人不愿意续住该养老机构的；

2. 协议未到期，但由于患病住院或外出临时离开，暂停护理服务；老人因居住地变更等原因申请变更服务机构等情况。

三、出院小结

在收到老人的出院申请之后，各业务部门工作人员对老人在机构中的健康状况、注意事项进行总结，并且出具实质性建议（见下文表格），于出院前 1～2 天内交给出入院管理部门和老人。该小结一式两份，一份存档，一份交由老人或其监护人，作为老人出院后康复或后续治疗的参考意见。

四、出院流程

老人出院需经过以下步骤（如图 11.1 所示）：

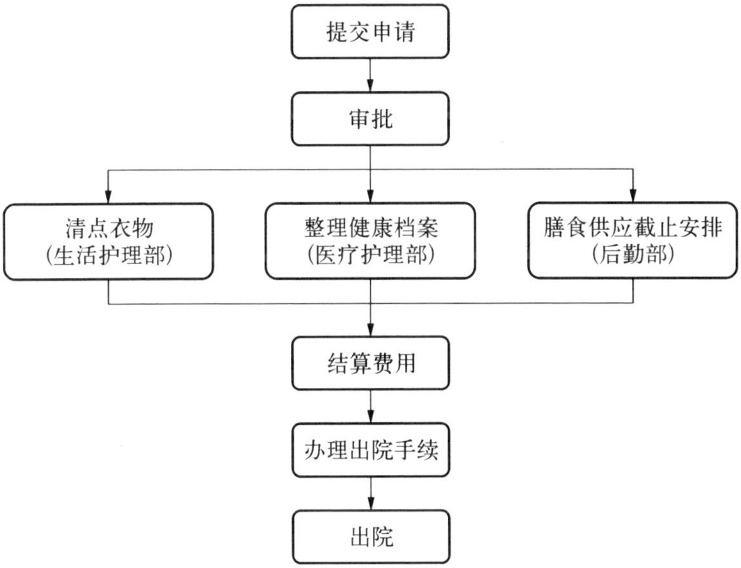

图 11.1　出院流程图

1. 监护人提前一周告知养老机构护理部，提交书面申请。
2. 院部审批，出入院管理部门开具出院流转表（见附件）。

3. 出入院管理部门出具出院通知单，告知生活护理部、医疗护理部等相关部门老人的出院日期，做好老人出院准备。

(1) 通知护理部提前1～2天清点老人衣物和财物；

(2) 通知医疗护理部整理老人健康档案；

(3) 通知后勤部于出院当天停止老人膳食供应。

4. 出院当天，监护人凭出院通知单，到财务室结算老人住院及医药等费用。

5. 费用结算完毕后，监护人凭借出院通知单到出入院管理部门办理出院手续，领取老人衣物和财物。

6. 监护人凭离院证明携老人离院。

附件1　养老服务合同终止记录表

附件2　老人退住申请表

附件3　康复师出院小结

附件4　心理咨询师出院小结

附件1　养老服务合同终止记录表

编号：

<table>
<tr><td>姓名</td><td></td><td>性别</td><td></td><td>出生年月</td><td colspan="3"></td></tr>
<tr><td>入住区域</td><td></td><td>床号</td><td></td><td>身份证号</td><td colspan="3"></td></tr>
<tr><td>照护等级</td><td></td><td colspan="3">评估日期(末次)</td><td colspan="3"></td></tr>
<tr><td>担保人
姓名</td><td></td><td colspan="2">担保人
联系电话</td><td colspan="2"></td><td>担保人与
老人关系</td><td></td></tr>
<tr><td>养老服务合
同终止原因</td><td colspan="7">出院 □
院内死亡 □　　院外死亡 □
其他 □(需具体描述)</td></tr>
</table>

续　表

出入院管理部处理情况	原提供的各项服务于　　年　　月　　日予以终止
	原签约合同于　　年　　月　　日予以终止
	担保人签字(盖章)： 年　　月　　日
	机构签字(盖章)： 年　　月　　日

附件 2　老人退住申请表

编号：

年　　月　　日

申请人		性别		年龄		入住时间	
身份证号			房间号		联系电话		
离开原因					身体状况		

续　表

离院时间			交接护理服务人员		
老人监护人		与老人的关系		联系电话	
护理部意见	老人康复良好； 床上用品、日用品交接完成				签字：
财务部意见	费用缴清				签字：
总部意见	同意离院				签字：

附件3　康复师出院小结

编码：　　　　　　　　　　　　　　　　　　　　　　日期：

基本信息	姓名		性别		年龄	
	护理等级		房号		床号	
康复师	康复状况					
	注意事项					
	其他					
负责人签字________						____年____月____日

附件 4　心理咨询师出院小结

编码：　　　　　　　　　　　　　　　　　　　　日期：

<table>
<tr><td rowspan="2">基本信息</td><td>姓名</td><td></td><td>性别</td><td></td><td>年龄</td><td></td></tr>
<tr><td>护理等级</td><td></td><td>房号</td><td></td><td>床号</td><td></td></tr>
<tr><td rowspan="3">心理咨询师</td><td>心理/精神健康状况</td><td colspan="5"></td></tr>
<tr><td>注意事项</td><td colspan="5"></td></tr>
<tr><td>其他</td><td colspan="5"></td></tr>
<tr><td colspan="7">负责人签字________　　　　　　　　　　　　____年____月____日</td></tr>
</table>

注：
1. 需办理出院手续的老人家属提前三天与医疗护理部联系，以便有关部门及时办理清账。
2. 各业务部门确认该老人的交接工作是否完成，费用是否已结算。
3. 护理部确认出院手续是否完成，有无遗漏，并且负责归档。